子どもを叱り続ける人が知らない「5つの原則」

石田勝紀
Katsunori Ishida

Discover

はじめに

いけないことだとわかっていても、なぜ叱り続けてしまうのか？

「子どもを叱る」――これはどのご家庭でも行われていることです。叱ることが悪いというわけではありません。逆に、親がまったく叱ることなく子どもが成長するということはあり得ないでしょう。

ただ、叱るといっても、「何に対して叱っているのか」「叱ることで解決するものなのか」ということになると、さまざまなパターンが考えられます。

さらに、「同じ内容で毎日子どもを叱り続ける」という家庭もあります。それも少なからずの割合で……。

私は、20歳で起業して以来、30年間近く教育に携わってきました。これまで35

00人以上の生徒を直接指導し、講演会、セミナーなど間接的指導を含めると、5万人以上の子どもたち、親御さんにかかわってきました。

また最近は、「Mama Café」という子育て・教育勉強会を主宰し、「東洋経済オンライン」では教育記事の連載をしていることから、全国の親御さんから毎日のようにご相談をいただきます。


そのようななかで、「子どもを叱り続ける」という状態にあるご家庭が非常に多いということに気づかされます。

しかし、「どうやって対応すればいいのか?」ということに体系的に答えてくれる場は、そう多くはありません。通常、子どもと対峙するその場その場で、感情のおもむくままに対応することが多いのではないでしょうか。

親も人間ですし、感情もあります。聖人君子ではあるまいし、そうそう立派な対応なんて取れるものではありません。それは当然のことなのです。


しかし、ここでちょっと考えてみましょう。

「なぜ叱るのでしょうか？」

「叱った結果、どういう状態になることを期待しているのでしょうか？」

期待したとおりの結果になっていれば、その「叱る」は効果的だったということになります。しかし、何度も同じように、繰り返し叱り続けていても何ら変化がなく、場合によっては悪化しているとしたら、それは「叱る」というアプローチが違っている可能性があるのです。

しかし、叱る前に冷静になって考えることは、なかなかできることではありません。何しろ、感情が高ぶっている状態にあるのですから。

そこで、いったん日々の喧騒から離れ、しばしの間、本書を手に取り、〝他人ごと〟にしてみて、客観的に「叱る」ことについて考えてみませんか？

自分ごとではなく、他人ごとにするのです。

すると、冷静な見方ができるようになって、さまざまなことがわかります。するとその後、「自分ごと」として、具体的にどうすればよいのかという解決の糸口を発見できることでしょう。

２０１７年1月19日に、私は「東洋経済オンライン」の記事で、「叱り続ける」というテーマについて書きました。タイトルは、「子どもを叱り続ける人が知らない『３大原則』――日々の喧噪の中で忘れ去られた本質」です（http://toyokeizai.net/articles/-/154159）。

この記事は、これまで50本以上書いた連載記事の中で最も反響があり、一日で１５０万を超えるＰＶを記録しました。読者のみなさまの予想以上の関心の高さに、私自身が非常に驚いたものです。

そのときの実際の記事をそのまま転載しますので、まずはご一読ください。この記事をご覧いただくと、本書がどのようなアプローチをしているのかおわかりいただけると思います。

子どもを叱り続ける人が知らない「3大原則」

日々の喧噪の中で忘れ去られた本質

お母さんからのご相談

マイペースな息子に、嫌味ばかり言ってしまう

（仮名：岡田さん）

小4の男の子と、年長の男の子がいる母親です。小4の息子にイライラして、つい暴言を吐き、嫌味ばかり言ってしまいます。

何をするにも行動が遅く、良い言葉で言えばマイペース。悪く言えば、まわりが見えてない。私が話せば、口答えばかり。

「何をやればいいの？」「どこをやればいいの？」から始まり（私が手帳に今日やることを書いても）、わからなければそのまま放置。間違っていても放置。「間違っていても、見直ししてわかればいいよ」とか、「塾で先生に聞いてみたら？」と言っても、「どうせ俺なんか、やってもわからん。やるだけ無駄だし」と返してくる始末。

私なりに、はじめは優しく話しかけているつもりですが、あまりに言うことを聞かないので、どんどん私も嫌味な言い方になってしまいます。今後、どうしたらよいでしょうか？

私の回答

イライラの毎日が続いているのですね。日々一緒に生活していて、何とかしっかりとした子どもに育てようとすればするほどうまくいかず、子どもの行動や欠点がますます気になるということはよくありますよね。

実は、岡田さんの家庭だけではなく、どこの家庭でも、程度の差こそあれ、同じような状態です。

できれば、イライラもあまりなく、日々明るい前向きな家庭の方がよいに決まっていますが、なかなかそうはいかないのが現実でしょう。

日々、私はたくさんの教育活動を行っています。「この日本から勉強嫌いの子をなくし、明るい家庭をたくさんつくりたい」という志をもって活動しています。

「子ども手帳」を開発したことも、この連載記事を書いていることも、そして1年前に始めた「ママカフェ」という勉強会もその一環としての活動です。

それだけ、岡田さんのようなご家庭が多いということです。ですから私は、さまざまな場面で次のようなお話をよくしています。

各家庭には文化があり、またその家族の中でも一人ひとりのパーソナリティはみな異なります。家族は多様であるため、「こうしたらうまくいくよ」という方法が、山田さんの家庭には通じても、木村さんの家庭には通用しないということが起こります。

では、自分で感覚的にやればいいかというと、それもうまくいくときもあれば、いかないときもあります。要するに、家庭は多種多様な世界であり、方法論を求めてもうまくいかないことの方が多いのが現状です。

とはいえ、ある程度、全体に共通することがあるのも事実です。それを「原則」といいます。

原則は本質的なものではあるのですが、あまりにもシンプルなので、日々の忙しさや喧騒の中で忘れ去られ、実行できずに終わってしまうことが少なくありません。

そこで、子どもが自主的に行動する家庭づくりに関して「3つの原則」のお話をしたいと思います。岡田さんが現在直面している悩みの解消にお役に立てるかもしれません。

【第1原則】自分とまったく同じ価値観の人はいない

まず、親子は、顔は似ていても、パーソナリティや価値観がまったく同じではないということを認識する必要があります。

つまり、家庭では、多くの場合、親の価値観でもって子どもに対応してしまいがちですが、子どもにも子どもの価値観があります。

その不一致のために、あつれきが起こるということです。親子でぶつかる原因のほとんどは、このケースです。

それには、**親が子どもの良い点を見て認めるという行動を起こす**以外、解決策はありません。真正面から子どもにわかってほしい、変わってほしいと言っても、それは無理な話です。

【第2原則】強制されたことは、やらない。やったとしても、形だけになる

強制されたことに対しては、人は反発を覚えて当然です。

「面従腹背」という言葉があるように、何かを押しつけられた人は、表面的に従っているように見えても、本心からやりたいと思うことはありません。

仮にやったとしても、「言われたことはやる人間」にまではなりますが、自主的な人間にはなれません。

もちろん、生活習慣や道徳・倫理的問題については、「こうしなさい」と指示することはある程度必要ですが、勉強については基本的に**〝自分からやりたくなるような環境をつくる〟**ということが望ましいのです。

そのためにどうするかといえば、1つの方法として**「親が日々楽しんで生活している姿を見せる」**ことが挙げられます。

どのような事実にも、2つの見方がありますね。つまり、プラスかマイナス

か。プラスというのは、「何でも楽しんでやろう！」と決意して、自分をそう思い込ませることです。

そうすると、子どもは、その雰囲気にいつしか包まれ、活動することを楽しむようになっていくでしょう。勉強などのやるべきことは、その延長線上にあるのです。

「子どもは、親の言うことはやらないが、親がやることを真似する」ということを忘れてはいけません。

【第3原則】人間には、最低3つの長所がある

子どもは、最低3つの長所を持って生まれてきます（この3つというのは目安です。3つより多いことも多々あります）。その長所の中に、将来の仕事やライフワークの種があります。**小学生の頃はまだ見えないかもしれませんが、必ずあります。**

その種を見つけて、水をやり、太陽の光を注ぐと子どもは成長します。水とは、おいしくて健康的な食事。そして、太陽に当たるのは「親の笑顔」です。

ところで、子どもから遠ざかった3つのことをご存じでしょうか。それは、「自然」「親の働く姿」、そして3つ目が「家庭の笑顔」と言われています。

それだけ、親は偉大なのです。なぜなら、笑顔ひとつで、子どもに安心感と希望を与えられるのですから。

さて、このようにお話をしてきて、やはり母親である岡田さんの考え方が変わらなければならないという結論なのですが、もしかしたら「すべて自分が悪いと自分を責めてしまう」ことにもなりかねません。それだけ、母親は本当に大変です。

食事をつくり、子育てし、さらには社会で働きながらの場合もあります。これだけたくさんのことを日々こなし、子どもが反抗的であったり、言うことを聞かなかったりしたら、イライラするのは当然のことだと思います。

しかし、**現状を変えるには、親が考え方を変える以外にないのです。**それも、今までのことは水に流すか、今後の肥やしとして処理し、今後どうすれば楽しくなるか、面白くなるかをつねに考えることに意識を向けます。

それでも孤立してしまい、うまくいかないこともあるかもしれません。

一人になると、思考がマイナス方向にすぐに戻ってしまうという場合は、ママ勉強会などでポジティブな人たちと積極的に交わるようにされるとよいでしょう。そうすると、グループダイナミクスが働き、自分も良い雰囲気に感化されていきます。

いかがでしょうか？

この記事はわずか3000字程度でコンパクトにまとめてあります。しかし、簡潔でわかりやすくはあるものの、まだまだ十分に説明しきれていない部分があるのも事実です。

そこで、今回は書籍という形で、さまざまな事例やメソッドも含めた実用書に仕上げました。

さらに上記の「東洋経済オンライン」の記事では、優先度の高い順に3つを「3大原則」として書きましたが、今回の本では、

【第4原則】親は成長が止まっているが、子どもは成長している
【第5原則】まず、「諭す」。「叱る」「怒る」は非常時のみ

を追加し、「5つの原則」という形で、私がお伝えしたいことのすべてをお話ししたいと思っています。

それは、**目の前のできごとの中に問題の原因を探すのではなく、まず「5つの原則」に立ち返ったうえで、そこから原因と解決策を考える**ようにしましょう、ということです。

たくさんのご相談事例を収録していますが、ご関心がおありのところだけをお読

みいただいても気づきが得られるように構成いたしました。

本書を通じて、多くの家庭にひとつでも笑顔が増え、子どもたちが「ぐんぐん伸びる！」――そういう世の中になれば、これ以上の喜びはありません。

石田勝紀

2017年8月1日

子どもを叱り続ける人が知らない「5つの原則」

【第1原則】

自分とまったく同じ価値観の人はいない

【第2原則】

強制されたことは、やらない。
やったとしても、形だけになる

【第3原則】

人間には、最低3つの長所がある

【第4原則】

親は成長が止まっているが、子どもは成長している

【第5原則】

まず、「諭す」。「叱る」「怒る」は非常時のみ

contents

子どもを叱り続ける人が知らない「5つの原則」

第1原則
自分とまったく同じ価値観の人はいない

第2原則

強制されたことは、やらない。やったとしても、形だけになる

第3原則

人間には、最低3つの長所がある

第4原則
親は成長が止まっているが、子どもは成長している

第5原則
まず、「諭す」。「叱る」「怒る」は非常時のみ

第1原則

自分とまったく同じ
価値観の人はいない

親子間のあつれきは、なぜ生じてしまうのか

人間は、成長の過程において、ある一定の枠にはまっていきます。考え方、行動パターン、表情や感情の持ち方に至るまで、自分の親や兄弟、さらには友人たち、住んでいる環境から自分というものがつくられていきます。

なかでも、最も影響を強く受けるのが家庭であることは言うまでもありません。

子どもは3歳までが大切だとか、10歳までの教育が大切というさまざまな学説がありますが、要するに、小さいときの環境がその子の人格形成に大きな影響を与えるということです。

そのようにして家庭から強い影響を受けて育った子は、当然、親に似ていきま

す。私が保護者の方々と面談をしてまず感じるのは、顔が似ていることです。これは当たり前ですね。遺伝的形質が継承されているのですから。

その次に、表情やしぐさも似ていることに気づきます。これは**無意識のうちに、親の表情や行動を真似てしまっている**ということです。

子どもは真似しようと思って、そのような表情や行動をとっているわけではありません。自然と真似してしまうのです。

これらは、私の目に見える部分です。つまり、目の前の保護者の方と対面し、目で見て表面的にはっきりわかることです。

しかし、目に見えない部分、たとえば考え方や心構えといった内面的部分まで似ているとも感じるのです。

つまり、親が物事を肯定的にとらえる家庭では、子どももポジティブにとらえる傾向があり、その逆も然りなのです（ただし、親がスーパーポジティブな場合は、子どもがその逆のスーパーネガティブになるという傾向もあります）。

ここで、重要なことがあります。

それは、親は自分に似ている子どもに対して、無意識のうちにある種の居心地の良さを感じ、**知らず知らずのうちに自分と子どもが完全に同質だと感じてしまう**ということです。

すると、「価値観」も同じだと錯覚を起こしてしまい、子どもは親とまったく同じように考え、まったく同じように行動するものだと思うようになります。

もっと言うと、親の想像上の理想的価値観を、子どもに投影し、それを強制するという現象すら起こります。**本能的に同質でありたいという願望から、そのような行動をとることが多いようです。**

もちろん、生活習慣を正すなどの道徳的・倫理的価値観を子どもに教えることは非常に大切です。しかし、そのことと、人生の価値観（生き方や考え方）を混同してしまうと、親子間でさまざまなあつれきが発生してしまうのです。

親と子の価値観が同じだと錯覚すると、何が起こるのか

いきなり堅い話をしてしまいましたが、ここからは具体的な相談事例を見ていきましょう。

これは、実際にあった事例です。これを読んで、うちも人ごとでないと思う方もいらっしゃるかもしれませんね。

問題の本質はどこにあるかを考えながら、読んでみてください。

相談

おとなしい性格で、自分の意見をはっきり言えない

（仮名：石井さん）

中学3年生の男子の母です。

人の話を聞き漏らすことが多く、そのため親や先生に怒られることが多い子です。また、はっきりと言葉を話さないので弱々しくも見えます。

それは部活動にも表れており、ハキハキしていなくてミスも多いので、先生に怒られることが少なくありません。最近、残念ながら辞めてしまいました。

中高一貫校に通っていますが、成績は真ん中ぐらいで、学校で特に仲のいい友人もいないようです。楽しい話を子どもから聞いたこともありません。

こんな状態なので、将来に夢を持つこともなく、勉強にも身が入らないようです。

息子には、まず自分の意見をはっきり言えるようになって、ストレスを発散させる方法を身につけてほしいです。多感な年齢なので対応が難しく、先生に相談させていただければと思います。

問題の原因

お手紙を拝見すると、お子さんは弱々しく、おとなしい性格のようで、軽快に行動する方ではないようですね。

一方のお母さんは、そのようなわが子にイライラがあるようで、おそらく「なんでもっと早くやらないの!?」「はっきりしゃべりなさい!」「勉強しなさい!」など と、いつも怒鳴っていらっしゃるのではないでしょうか。

ここに、重大な問題が隠されています。それは、**「子どもは、親が思ったとおりに行動すべき」だと親が考えてしまっている**ことです。

ですから、親のイメージどおりにならないと、延々叱り続けてしまうという現象が起こるのです。

もし、石井さんが次の原則を意識すると、もう少し変わった結果になることでしょう。それは、

【第1原則】自分とまったく同じ価値観の人はいない

ということです。

この当たり前の原則が、子どもを目の前にするとすっかり忘れ去られて、つい自分のイメージとの違いを正そうと、子どもにあれこれ言い続けてしまうのです。

この原則を意識していないと、「子どもは親の思ったとおりになるはず」という気持ちが無意識に言葉となって表れていきます。それがトラブルを招くのです。

では、ここで石井さんのご相談内容を、細かく分析してみましょう。内容を分析すると、あることがわかってきます。

この分析は、**「親が言っていることは本当に正しいのか」**という視点で行っていきます。親の方が勝手にそう思い込んでいるだけではないか、と思いながらお読みください。

■「人の話を聞き漏らすことが多い」

なぜ人の話を聞き漏らすのか、その原因が重要です。もしかしたら、話の内容がつまらないのかもしれません（つまらない話であれば、誰でも聞き漏らします）。

また、子どもが聞き漏らしているとわかっているのであれば、周囲の大人が、もっとわかりやすく話をするか、理解しているかどうかを確認する必要があります。

■「子どもがハキハキしていない」

単なるパーソナリティの問題かもしれません。あるいは、ハキハキしているのがその子にとってよいことなのかという疑問もあります。

■「ミスが多いので怒られることが多く、最近辞めました」

ミスが多い原因は何でしょうか？　ミスをしないようにする仕組みを、大人が考えさせているでしょうか？　もし本人がわからないのであれば、はじめは大人が一緒に考えてあげる必要があります。

それもやったがダメだったという場合でも、大人があきらめずにミスがなくなるまでつき合ってあげるのが、本来のあり方です。

■「学校で特に仲のいい友人もいないようです。楽しい話を子どもから聞いたこともありません」

中学生の男子となれば、家で学校の楽しい話をするというケースは稀です。話を

しなくて当たり前ぐらいに思っておく必要があるでしょう。

親には、学校での本当の様子はわからないものです。実は、それなりに仲の良い友達がいるかもしれません。親がただ家庭の様子を見て、学校でもそうではないかと想像しているだけの可能性もあります。

■「こんな状態なので、将来に夢を持つこともなく、勉強にも身が入らないようです」

将来に夢を持つ中学生は少なく、また夢がないからといって、それが原因で勉強に身が入らないとは限りません。もし勉強に身が入らないとしたら、それは別に原因があるでしょう。

人は、自分が見えている現象の中に原因があると思い、自分が納得するように意味づけをする傾向があるので、注意が必要です。

さて、このように分析してみると、はじめの相談内容は随分と違った印象になるのではないでしょうか。かなり親の価値観で語られていますね。

子どもは、親や学校の先生から見れば、知識も経験もないため、周囲の大人が上手に、子どもが成長できるようサポートをしてあげる必要があります。

もっと単刀直入に言えば、**「子どもに原因があるのではなく、大人の対応に原因がある」**ということです。

まず、このように認識を変えることが問題解決の出発点となります。

解決策

なぜ、あえて「子どもに原因があるのではなく、大人の対応に原因がある」という〝きつい言葉〟を使ったかというと、この視点で考えないと、とんでもない間違った解決策をとってしまうからです。

たとえば、「子どもに原因がある」と思った場合、言動をハキハキさせるためにキャンプや合宿に強制的に参加させたり、コミュニケーション能力を高める講座に入れたりする可能性があります。

また、勉強に身が入らないからといって無理やり進学塾に入れたり、さらに個別指導の塾にも入れて、強制的に勉強をやらせるというケースもあります。

これらはいずれも、子どもに原因があるから、外部の力によって親の理想とする型にはめようという考えに基づいた行動です。

すると、一時的に親の理想に近くなる場合もありますが、**根本的な問題が解決していないので、外部の力がなくなれば元に戻るか**、ひどい場合はその反動で悪化することもあります。私も残念ながら、このようなケースをこれまで何度も見てきました。

では、これを「大人に原因がある」と思って対応をとるとどうなるでしょう。

✕ 間違った対応

- 子どもをハキハキさせるために、強制的にトレーニングさせる
- 勉強しないという理由で、厳しい塾に入れる
- はっきりしない子に、「早くしなさい」「もっとはっきりと言いなさい」「勉強しなさい」と強く言う

○ 正しい対応

- 子どもの心が「快」となることにフォーカスする
- そのうえで、「今後、勉強をどうするか」と問いかけ、自分で決定させる。その結果、塾に行きたいということであれば、効果は大きい
- 「どう思う？」「なぜだろうね？」といった、ＹＥＳ・ＮＯで答えられない、答えのない質問をする。質問に答えられなくてもよい

まず、子どもに対して余計な圧力をかけたり、嫌味を言ったりすることがなくなります。

そして次に、子どもの心の状態に着目するようになります。つまり、**子どもの心を「快の状態」にするための環境をつくろうとします。**勉強をするようになる環境ではなく、子どもの心の状態が「快の状態」になる環境です。

たとえば、一緒に外出して遊びに行ったり、またはゲームをしたりするのもいいかもしれません。歴史が好きなら、歴史に関連したスポットに出かけるのもいいでしょう。

あるいは、思春期に親とまったく行動をしたくないというのであれば、「放っておく（干渉をしない）」ということが対応になるかもしれません。いずれにせよ、どのような環境をつくると子どもの心が「快」となるかを考えて実行します。

すると、子どもはストレスから解放され、その子の本来の良さが前面に出てきます。そうなって初めて、勉強や部活をどうするかという話になるのです。

価値観の違いを克服する4つのステップ

2つ目の事例を紹介しましょう。こちらの事例は、中学生のお子さんがいらっしゃる方であれば、一度は直面する典型的な相談内容です。

相談

部活をがんばりすぎて、授業中寝ている

（仮名：石川さん）

中2の娘のことでご相談です。現在、運動部に入っていて、一生懸命がんばっています。それもあるのか、勉強の方はほとんどしません。授業中も寝ているという指摘を受けました。

家でも勉強するように言っているのですが、なかなか手がついていません。

今後の進路の問題もあり、学校との面談でどの高校にするかという話になりましたが、娘は部活ができればどこでもいいと言っています。

親としては将来のことが心配で、勉強への意識を何とか上げられたらと思っているのですが、どのように対応すればよろしいでしょうか。

問題の原因

この手の質問は、非常にたくさん頂きます。それだけ、悩んでいらっしゃる方が多いということでしょう。

もちろん、部活動が悪いという問題ではありません。部活をやるか勉強をするか

選択するという問題でもありません。親子双方で価値観がまったく異なっていると
いうことが問題なのです。

「親は、勉強してもらいたい」「子どもは、部活動の方が大切と考えている」とい
う状況で、親が子どもに勉強するよう促したところで、その子が勉強するようには
絶対になりません。

親御さんが持っている「勉強は大切だ」という価値観は、子どももある程度は持
っていますが、部活動の方が優先度が高いので、表面的な会話をしても、いつまで
も平行線をたどることになります。

解決策

このような場合も、「自分とまったく同じ価値観の人はいない」と考えてくださ
い。

娘さんは「部活動や友人とのつながりが大事で、勉強はそれより下位にある」と考えていて、石川さんは「勉強の方が上位であり、部活や友人関係はその下にくるもの」と考えています。

このギャップが大きいので、親の価値観を娘さんにストレートに当てはめようとしても、思春期にある子どもはなおさら納得しないでしょう。そこで、まずはこのギャップを認識する必要があります。

次に、**子どもの価値観を理解するため、親子で話し合います。**話し合うとは、「確認し合う」という意味です。これが大切です。

通常、ギャップについて話し合いをせずに、いきなり「勉強しなさい！」になってしまいます。そうではなくて、親子でお互いの考え方に違いがあることについて話し合うのです。

さらに、**子どもが語ったことについて批判をしてもいけません。**良い悪いではなく、それはお子さんの価値観なのです。

まずは、それを尊重しましょう。譲歩ではありません。尊重するのです。

そのあとで、親の考えていることを話します。この順番が重要です。

そして最後は、いよいよ解決へと向かいます。**「では今後、どうしたらいいだろう？」と聞いてください。**

このテーマについて親子で意見を出しながら、話し合いをします。すると、「親も子もある程度納得した形」に落ち着くでしょう。

以上のプロセスをまとめると、次のようになります。

ＳＴＥＰ１　価値観のギャップを認識する
ＳＴＥＰ２　子どもの価値観を理解する
ＳＴＥＰ３　親の価値観について話す
ＳＴＥＰ４　今後、どうしたらいいのか話し合う

STEP 1 価値観のギャップを認識する

親：「勉強」＞「部活＝友人関係」

子：「部活＝友人関係」＞「勉強」←優先順位がまったく異なる

STEP 2 子どもの価値観を理解する

では、どのような言葉で理解を示せばいいのでしょうか。

よくある失敗例として、次のような声がけがあります。

×「部活と勉強、どっちが大切なの？」

× 「部活もいいけど、勉強もしないとね」
× 「お母さんは、勉強の方が重要だと思うけど」

このように言ってしまうと、解決がますます遠のいてしまいます。

では、どのような声がけがよいかというと、たとえば次のようなものです。

○ 「部活をがんばっているけど、どういう点を大切にしているの?」
○ 「部活から学べることはたくさんあるよね。それを大切にするというのはいいことだね」
○ 「そこまで部活に力を入れるというのはすごいよね。部活にはそんなに魅力があるんだね」

つまり、**いったん子どもの価値観を受け入れてしまう**のです。ただ受け入れるだけでなく、どういう点が大切なのかも聞いてあげるといいでしょう。

おそらく、まともな返答はないかもしれませんが、それでいいのです。

問われると、人は考えます。この段階ではそれで終了です。

STEP 3 親の価値観について話す

子どもの価値観を理解したうえで、今度は親の価値観について話をしましょう。

これも、悪い例とよい例を挙げておきます。

×「お母さんだったら、勉強もするなー」

×「部活よりも勉強の方が大事でしょ!」

×「運動ではなかなか食べていけないよ! いま勉強しておかないと、将来困ることになるよ」

これらはいずれも、子どもの価値観を否定し、親の価値観を押しつけているので、相手は受け入れません。強引に受け入れさせることは可能かもしれませんが、本音では納得しないでしょう。

また、将来の話をしてもピンとこないので、将来を引き合いに出しても効果はあまりありません。

ではどうすればいいかというと、たとえば次のように言ってみます。

○「私は、部活には良いことがあるし、勉強も重要なことだと思っている」

○「その部活ができる高校に行くには、試験に合格しなければならないから、勉強もどうしても必要になるね」

STEP 4 今後、どうしたらいいのか話し合う

最後のステップでは、双方の価値観をすり合わせます。
そのときには、次のように話してみましょう。

■「これからどうすればいいと思う？」（と言って、自分で方向性を決めさせる）

ここまでくると、かなりの確率で、「勉強も必要」という意識が出てきます。価値観の違いを認めるということがうまくいけば、ですが。

■「本気で部活に熱中したいのなら、部活に力を入れている学校を一緒に探そう」

親も部活に力を入れている学校探しをやってくれるとなると、子どもも真剣にならざるを得ません。軽い気持ちで「部活ができればいい」と言っていたとしたら、ここで修正されるでしょう。

この最後の段階では、親は勉強についていっさい言っていません。その前の段階で勉強についての考えを伝えていれば、最後は娘さんの価値観を尊重するという方向にするのです。

親の価値観はすでに伝えているので、子どもの心の中にそれが残ります。そして、子どもも譲歩してくる可能性が非常に高くなります。

以上のように、①双方に違いがあることを知り、②子どもの価値観を理解し、③親の価値観について話したうえで、④今後の折り合いをつけていく、というステップを1つずつ踏んでいきます。

やる気のない大学生に育ってしまったら、もう遅い!?

みなさんは、現在進行形で子育てをされている方が大半だと思います。あるいは、これから子育てをされるという方もいらっしゃるでしょう。

なかには、このままの状態が続くと、わが子はどうなってしまうのかと、不安を抱えている方もいらっしゃるかもしれません。

次の相談事例は、子育てをある程度終えてしまった、大学生のお母さんからです。相談者の言葉を借りれば、「子どものやる気や自信を奪ってしまった結果、どうなったか」という事例です。

「親と子では価値観が違う」ということを知らずに子育てをしてしまうと、このような結果になるということを、ここでぜひみなさんに知っていただきたいと思います。

相談

勉強に身が入らず、やる気がない状態が続いている

（仮名：山田さん）

初めてお便りします。私には大学1年生の息子がいます。大学に入るまでやりたいことはさせず、勉強のことばかり言ってきました。成績が落ちると塾を探して入れ、生活態度に対しても口うるさく言ってきました。

そして大学生活のため、家を出て寮生活に入ると、勉強に身が入らなくなり、やる気がない状態が続いているようです。

私は、今さらながら自分の育て方は、息子のやる気や自信を奪っていたとい

うことに気がつきました。なんとか、息子の気持ちを変えることができないかと考えると、心が苦しいです。

私は息子に、どう向き合っていったらいいのでしょうか？

問題の原因

山田さんは今、とても苦しい立場にいらっしゃいます。これまでの育て方が間違っていて、自分がお子さんを無気力な人間にしてしまったとお考えです。

しかし、これまで山田さんがされてきたことがすべてよくなかった、というわけではありません。

たとえば、「成績が落ちると塾を探す」「生活態度に対しても口うるさく言う」ということは、ある意味、どの家庭でもされていることですね。

しかし、この文面から察するに、山田さんは、かなり自分の価値観（＝こうでなければならない）を強制してきた可能性があります。その結果、**子どもの「自己肯定感」を上げるどころか、下げてしまってきた可能性さえあるのです。**

この例でも、親に「子どもは自分と同じ価値観で、自分と同じように行動するはず」という前提があるため、子どもがそれと異なる状況にあると、無理やり自分の枠にはめ込もうとしています。

すると、その枠が外れた瞬間から、子どもは親の手の届かないところへと離れていくか、あるいは下がった自己肯定感を回復できず、やる気のない状態を継続することになります。山田さんの場合、まさにこのパターンにはまってしまっているのです。

しかし、**もう遅すぎるということはありません。**今後は、次のような考え方で対応されるとよいでしょう。時間はかかるかもしれませんが、きっと事態は好転するはずです。

解決策

親の価値観を転換させましょう。具体的には、次のように変えます。

× やる気のないのはよくない状態。やる気のある状態に変えたい

↓

○ 子どもが健康でいてくれるだけで幸せ

つまり、「子どもが元気な状態でいてくれているだけで幸せ」という気持ちに転換するのです。

こう考えると、息子さんに会ったときに、ポジティブな会話ができるようになります。逆に、不安・心配という感情を持ちながら対応すると、息子さんは敏感にそれを感じ取ってしまうでしょう。

十分幸せだという気持ちで接すると、子どもの中に安心感が生まれます。それだ

け親の感情というものは、簡単に子どもに伝播するのです。

このように、**今までの「こうあるべき」という考え方から、「今の状態で満足」という発想に変えていきます。**

老子に「足るを知る」という言葉がありますね。不十分だけど満足だと思いなさいというのではなく、人間は健康でいられるだけでもラッキーなのです。

心の底からそのように思えること、これが「足るを知る」ということです。ということは、山田さんは、やる気が出ない息子にしてしまったことを後悔するのではなく、今の健康な子どもに育てられたことを喜ばなければなりません。つまり逆なのですね。

このように接していると、やがて息子さんは変わっていきます。

まったく話し合いにならないときのおすすめ話法

ここまで、「話し合い」がキーワードとして頻繁に出てきました。これから取り上げる事例でも、「話し合い」という言葉がたくさん出てきます。

しかし、ただ「話し合いをするとよい」といっても具体的ではないので、ここで「話し合い」について説明をしておきましょう。

私たちは、**コミュニケーションの量に比例して信頼関係を構築していきます。**自分が苦手とする相手や、好ましいと思っていない相手とは話をしたくないと感じます。その結果、コミュニケーションの量が激減します。

すると、何か事が起こるたびに陰口を叩くようになり、やがてそれが疑心暗鬼に発展する場合があります。こうなると、もはや信頼関係が生まれることはありません。

一方、どのような相手とでもコミュニケーションを頻繁に取っていると、お互いの間に信頼関係ができ、少々の問題が生じても、建設的に解決する傾向を持ちます。

親子の間でも同じことです。

日頃からあるテーマについてコミュニケーションを取っていると、信頼関係ができてきて建設的な方向へと向かいます。

ところが、私が「親子のコミュニケーションを増やしましょう」という解決方法を示すと、きまって次のような質問が出ます。

「でも、話し合いにならないのですが、どうしたらいいでしょうか？」

親子関係が冷え切っている場合、アイスブレイクするのに時間が多少かかります。

そのようなときは、**焦点を少しずらして、別のテーマから入るといいでしょう。**

また、次のような質問も受けます。

「思春期の男の子で、親とは話をしないのですが、どうしたらいいでしょうか？」

この場合も、思春期の男の子はそういうものだと割り切ったうえで、無理に話をさせるのではなく、徐々にアイスブレイクしていく必要があります。

親から「日常の何気ないテーマ」で話をするのです。その際、**「間接話法」を使うといいでしょう。**

TIPS 間接話法を使う

「間接話法」とは、自分ごとではなく、人ごとのように話すことです（自分のことを言われていると思うと、心を閉ざされます）。

テーマは子どもが反応しそうなもので、それを肯定するような内容だとなおよいでしょう。

ゲームにハマっている子には?

× 「ゲームにハマる子は頭悪いみたいね〜」

○ 「最近のゲームって、随分面白くなってるんだってね〜」

部活に一生懸命励んでいる子には?

× 「部活と勉強を両立できる子はすごいね〜」(これは嫌味となって伝わる)

○ 「部活を指導する先生って、けっこう大変みたいね〜」(あえて先生の話をする)

○ 「部活をがんばる子は、忍耐力がつくらしいよ」

子どもは最初、何の反応も示さないかもしれませんが、それでいいのです。間違っても、信頼関係を構築していく段階で強制・指摘をしてはいけません。それをすると、さらに心を閉ざします。

ですから、軽い感じで日常の話をしていきます。アイスブレイクができたら、先ほどのステップにしたがって話し合いをしていくといいでしょう。

第1原則

自分とまったく同じ価値観の人はいない

point

- 「子どもは、親が思うように行動するべき」と親は思いがちだが、それは親の価値観にすぎない。
- 親の価値観を押しつけても、子どもは反発を覚えるだけ。
- 親子間のあつれきを解消するには、①価値観のギャップを認識し、②子どもの価値観を承認し、③親の価値観について話し、④今後どうするか話し合う、というステップを踏む。

第2原則

強制されたことは、
やらない。
やったとしても、
形だけになる

子どもや部下に、ついつい「強制」していませんか？

さて、2つ目の原則についてお話ししていきます。

これは、強制すればどうなるのかということがわかっているにもかかわらず、ついやってしまうという厄介な問題です。

「言ってはいけないとわかっているのに、どうしても『勉強しなさい！』と言ってしまう」

「自分が言われたらいやなのに、つい強制してしまうのをやめたいのですが……」

という相談は非常に多く寄せられています。

本書の「叱り続ける」という事例は、すべてと言っていいほど、この第2原則に関係しています。つまり、どんなケースでも、何かしらの「強制」というニュアンスを含んでいるということですね。

これは、子育ての場合だけに限りません。会社でも同じようなことが起こっています。

会社でも「部下を叱る」という場面があります。部下にはその本意が伝わらずに、表面的に伝わり、いつしか強制へと変わってしまうということは、誰しも一度や二度は経験されたことがあるのではないでしょうか。

あるいは、別に強制しているわけではないのに、相手は強制だと感じてしまう。その結果、納得して自律的に行動することはなく、パフォーマンスが著しく低下……。良かれと思って叱ったことが、結果として社の売上に悪影響を与えるということもよくあります。

私は子どもの教育以外にも、近年、複数の上場企業の社員教育に携わっていますが、そこでもよく聞かれる話です。

子どもを教育する、社員を教育する――どちらも根本原則は同じです。ですから、この第2原則は、あらゆる場面で使える原則と言っていいでしょう。

このことをみなさんに理解していただき、円滑な人間関係、そして子育てに活かしてもらいたいと思います。

では事例を見ながら、この第2原則について、お話ししていきましょう。

強制せずに、子どもを伸ばす3つのステップ

「勉強しなさい！」と言わないで、どうやって勉強するように仕向ければいいのでしょうか？

相談

授業についていけず、集中力がまったくない

（仮名：石川さん）

小学5年生の娘。算数の授業についていけず、宿題も答えを見ながらダラダ

ラやったりしています。やる気がまったくなく、毎日怒られてもその場の返事だけで進歩がありません。
嫌なことは後回しにするタイプで、必要に迫られてからあわててやっています。集中力を身につけさせるには、どうしたらいいでしょうか？

問題の原因

石川さんのご質問では、お子さんの集中力に問題があるように思われていますが、そのような状態になってしまっている**そもそもの原因に焦点をあてる必要があるでしょう。**

算数の授業についていけないということは、小1から小4までの算数ですでに遅れをとってしまっているということです。ですから、小5の内容は理解できず、やっても面白くないのでしょう。

そうだとしたら、結果としてダラダラしてしまうのも、当然のことです。「嫌なことは後回しにする」というのも、誰でもそのような傾向はあるでしょう。ましてや小学生であれば、なおさらです。

ですから、石川さんのお子さんの場合は、算数の進度に問題があるということに根本原因があるようです。

しかし、今、目の前の状態、つまり子どもがダラダラする、やる気がないという状態だけに目が行ってしまうと、それを見て叱るという現象が発生してしまいます。そして、ますます悪化、という悪循環……。

そこで、まず**第2原則の「強制されたことは、やらない。やったとしても、形だけになる」**を理解していただき、強制しないで勉強させる方法を考えてみましょう。

解決策

では、具体的手順です。第2原則の「強制をしない」を念頭に置きながら、次のように進めてください。

STEP 1 簡単に解ける問題までさかのぼる

簡単にできる問題に行き着いたら、次のように声がけしましょう。

「それがわかれば、まず問題ないよ」

小5にもかかわらず、小2、小3レベルしかわかっていなくても、こう言って安心させます。この「安心」ということが重要です。

叱らないですむための声かけ例

STEP1 簡単に解ける問題までさかのぼる

◯「それがわかれば、まず問題ないよ」

STEP2 同じような問題をやらせて、「できた！」という感覚を少しずつつけていく

✕「これは簡単だから、できて当たり前だよね」

✕「まだ小3レベル？　こんなに低いの？」

✕「また間違っている！」

◯「OK!　だいじょうぶ！」

STEP3 この作業を続けていき、学年のレベルを上げていく

◯「あ、これはちょっと難しいから、説明聞いてわかればいいよ〜」

この際、使用する問題集は教科書準拠型のドリルがいいでしょう。

STEP 2 同じような問題をやらせて、「できた！」という感覚を少しずつつけていく

徐々に先に進め、できたら次のような声がけをしましょう。

「OK！　だいじょうぶ！」

この一言が、さらにやる気を与えます。間違っても、次のようなことを言ってはいけません。

×「これは簡単だから、できて当たり前だよね」
↓自信がない子には、この言葉はまだ早い

×「まだ小3レベル? こんなに低いの?」
×「また間違っている!」
×「もっと早くできないの!?」

STEP 3 この作業を続けていき、学年のレベルを上げていく

何度も「だいじょうぶ!」と言われ続けると、そのうち、**「自分は、ひょっとして算数ができるようになったのでは?」と感じるようになります。**

その感覚が出てくると、今後さらに伸びます。なぜなら、自信を持ちはじめているので、少々難しい問題にあたっても、「できるはず!」という意識で取り組むからです。

しかし、はじめのうちは、まだ自信が安定しないなかでの「できるはず!」なので、心が折れる可能性があります。そのときは、

「あ、これはちょっと難しいから、説明聞いてわかればいいよ～」

と軽く言えばＯＫです。

この段階までくれば、あとは徐々に手を放して、自分で勉強できるようにしていきます。つまり、わからないことがあったときだけ教えるというイメージです。

ぜひ試してみてください。

勉強を強制し、どん底まで落ちてしまった成績を引き上げるには？

次に、学校成績がどん底にある中学2年生の男の子の事例を紹介します。

テレビ、ゲームにハマっていて、このままでは高校に行けないと心配になり、塾へ入れたものの、本人は行きたくないと言っているという状況です。

みなさんならどうするか、考えながら読んでみてください。

相談

全教科の成績が最低レベルなのに、本人に危機感がない

（仮名：下田さん）

中学2年の長男の件でご相談申し上げます。

先日、妻の代理で三者面談に参席しましたが、ほぼ全教科の成績が最低レベルで、担任の先生から「このままだと公立高校は全滅だろう」との厳しいお言葉を頂きました。

帰宅しても、テレビやゲーム三昧。さすがに「学生の本分は勉強。人間は生きていくうえで、やるべきことをやらなければならない」というようなことを伝えて、夕食後少しでも机に向かうように指導しましたが、まったく危機感を感じていないようなのです。

中学受験を目指して個別塾に通わせたことも過去にありました。しかし、ま

ったく勉強に身が入らず、妻と親子げんかにまで発展する状態でしたので、受験は断念し、現在の公立中学に進学せざるを得なかったという苦い経緯がございます。

妻からは今朝、「さすがに強制的に塾に行かせないと、手遅れになるのでは」と相談を受けました。しかし、どの塾が本人のためにいいのかもわかりません。

本人に聞いても通う気はみじんもないですし、志望校も特にないというひどいありさまです。

この状況をいかに突破すべきか、ご意見を頂けましたら幸いです。何とぞ、よろしくお願い申し上げます。

問題の原因

お父さんからのご相談です。「中学受験で塾にも行っていたが、本人はまったくやる気がない」「中2の現在、どの教科も壊滅的」「高校進学への志望もない」というお子さんの状況に対して、お父さんは危惧を抱かれています。

それでも、子どもは一向に変化する気配がないという状況のようです。

おそらく、無理やり塾へ行かせたところで何も変わらないでしょう。いやいやながら、座ってやるふりはするでしょうが、身にはつきません。

そのような状況を見て、さらに追い打ちをかけて強制的にやらせるような事態が起これば、もはや復活できない状態になりかねません。

まず、「なぜこのような状況になってしまったのか？」を考えます。

中学受験の前の段階で、すでにやる気がありませんでした。そのような状況にもかかわらず、中学受験のために勉強をやらせてしまったことに、まず問題があるでしょう。

つまり、本人の意思や希望とは関係なく、親の意思と希望で勝手に進めたということですね。

中学受験の場合、「親主導型」が多いのは確かです。親が動いたことで、子どももそれに乗ってきたというケースもあるので、親主導型が悪いとまでは一概にいえません。

しかし、**子どもが嫌がることを親の一方的判断でやらせて、良い結果が出る確率は限りなく低い**ということは知っておいてください。

では、「子どもの言うとおりに、何でもやらせたらいいのか？」というと、そういう問題でもありません。

子どもの言うとおりに親が従うのではなく、**子どもが多少なりとも前向きに取り組むという状況をつくってから、本人納得のうえで進めていくことがファーストステップ**なのです。

というわけで、第2原則です。

【第2原則】強制されたことは、やらない。やったとしても、形だけになる

物理の法則に、「作用・反作用の法則」というものがあります。これは、「ある方向に作用すると、それと同じ大きさで『反対向き』に作用が生じる」というものです。これは、人間関係にも当てはまりますね。

つまり、強制されると、それと同じ強さで反対向き（反抗）に力が生じるか、または仮に表面的に実行しても、「面従腹背」となるということです。

私は、この法則について講演会でお話しするときに、よく次のたとえ話をします。

「お母さんが、ご主人に『明日の夕飯はカレーをつくるように！』と強制されたら、『はい！　わかりました。喜んで』とはなりませんよね。

『は？　何言ってんの！』と、内心ムカッとくるに違いありません。

たとえつくったとしても、激辛にしてしまうか、または気持ちのこもらないカレーになるかもしれません。

同じように、子どもが親に『勉強しなさい！』と言われたらやらないか、やったとしても、いやいや机に着き、ただ座っているだけの状況になることは明白です」

下田さんの場合、残念ながらこの原則どおりに、子どもが勉強をやらない方向へと行ってしまいました。

では、下田さんはどのように対応していけばいいでしょうか？

解決策

下田さんのお子さんは、**「自己肯定感」が非常に低い状態になってしまっているため、まずそれを回復させる必要があります。**

しかし、この段階までできてしまった場合は、第三者を介在させた方がいいでしょう。下田さんのお子さんの状況では、親が勉強にかかわっているうちは回復できません。

親として、「生き方や道徳、倫理的な話はしてもよいが、勉強についてはいっさい口にしない」というスタンスを貫く必要があります。

勉強に関しては、信頼できる教育の専門家の力を借りるとよいでしょう。教育の専門家といっても、少なくとも次の5つの条件を満たしている必要があります。

- 条件1：親身になって子どもの面倒を見てくれる人
- 条件2：現状の学力を正しく把握し、そのレベルから積み上げていける人
- 条件3：マイナスな発言（例：「これはひどい」「こんなレベルではどこも行けない」）をいっさいせず、希望を持たせる発言をする人
- 条件4：正しい勉強方法を心得ている人
- 条件5：教えることに喜びを感じている人

この5つの条件をすべて満たす必要があります。条件を満たしていれば、学校の

先生でも塾の先生でもかまいません。

勉強は先生にお願いして、家庭では勉強に関していっさい触れず、おいしい食事と健康管理に気をつけていればいいでしょう。

では、「どうやってそのような人を探せばいいのか?」という疑問が次に出てきますね。学校で信頼のできる先生がいらっしゃればいいですが、塾を選ぶということであれば、「誰が直接教えてくれるのか」という視点で選ぶといいでしょう。

先生がコロコロ替わるというところは避け、信頼できる先生が一定期間、直接教えてくれるかどうかを基準にします。

強制しないでいると、いつまでも勉強をしない場合は？

「勉強しなさい！」がもたらす悪影響については、あらゆるところで、それこそあらゆる人が語っています。

そのような話を聞いて、「じゃあ、言うのをやめてみよう」と思い、しばらく実行しても、何の変化もないのを見て不安になり、また「勉強しなさい！」と言いはじめる……ということもよくあります。

そのような心理状態になることは、私もよくわかります。では、強制しないでいるといつまでも勉強をしないときは、いったいどうすればいいのでしょうか？

相談

何も言わず見守っていたら、ますますスマホ漬けに

（仮名：町田さん）

中学2年生の男の子です。親に「勉強しなさい！」と言われたら、子どもは反発するということですが、うちもまさにそんな状態です。

なるべく何も言わないでおこうと、しばらく子どもの様子を見ていたら、ますますゲームやスマホの時間が増えて勉強しなくなってしまいました。

それでも、「勉強しなさい！」と言わずに、放っておいた方がよいのでしょうか？

本当にどうすればいいか悩んでいます。よろしくお願いいたします。

問題の原因

こういうご質問も、これまでたくさん受けました。

私はいつも次のようなお話をまずします。

「親が『勉強しなさい！』と1回言えば、子どもの偏差値は1下がります」

もちろん、これはたとえ話ですが、それぐらいのインパクトのある状況へと子どもを向かわせていると実感してもらうためにこうお話ししています。

実際に、親が「勉強しなさい！」と言わなくなると、子どもが勉強するようになったという事例は、無数にあります。

その一方で、そう言わないようにしたのに、一向に勉強するようにならないという事例もあるのです。

まさに、町田さんのこのケースです。その場合、大きく2つの原因が考えられます。

一向に子どもが変わらない2つの理由

1つ目は、これまで「自分のことは自分でやる」という形にしてこなかったケースです。

すると、何でも親がやってくれる、食事は上げ膳据え膳、服をたたむことも部屋の片づけもやってくれる、勉強しないでいると、アラームのように「勉強しなさい！」と言ってくれると考えます。

さらに、親が時間割りをチェックしている一方で、子どもは遊んでいるという状況も生まれたりします。

「自分のことは自分でやる」という教育を小さい頃から実行していると、勉強という自分ごとの作業も、自分でやるという可能性が高まるのですが、それをしてこなかった場合、いくら「勉強しなさい！」という言葉を言わなくなっても、すぐに改善はしません。

2つ目は、勉強以外に楽しいこと、面白いことが周りにたくさんある環境に置かれている場合です。

その場合、特別自立的でない子は、面白いことにすぐに流されます。ですから、周囲にそれらを置かないか、取り出すのが面倒な状態にしておかないといけません。

もちろん、自立していれば問題ないのですが、**まずは「環境を変える」という行動に出る必要があります。**

このような2つの原因がありますが、ここからが大切です。「では、どうすればいいのか」ということですね。

解決策

町田さんの解決策としては、基本的に先ほどお話しした原因の「逆」をしていけばよいでしょう。

つまり、

❶徐々に、自分のことは自分でやらせる
❷勉強を妨げる要因を遠ざける

となります。
1つひとつ、見ていきましょう。

❶徐々に、自分のことは自分でやらせる

自分でやるように強制するのではなく、強制と感じないように徐々にやらせていくのです。といっても、言い方があります。

×「早くやりなさい！」
×「さっさとしなさい！」

↓ これらは、「言われた↓やる」という条件反射にしかならないので、頻繁に使うのは控えます。

そのかわりに、次のように言ってみましょう。

○「自分のことは自分でやろうね」
○「人に迷惑をかけないようにしようね」
↓ このような倫理・道徳的な言葉の方がいいでしょう。**これは正しいことなので、言われても反論できない**からです。

❷勉強を妨げる要因を遠ざける

親が「勉強しなさい！」と言わないことと同様、**子どもが「勉強ができる環境にある」ということが大前提**になります。

子どもの自主的な勉強を阻害するような環境（たとえば、すぐに漫画が読める、ゲームができる環境）であれば、親が「勉強しなさい！」と言わないでいると、ますます勉強をしないという状況が生まれていきます。

もっとわかりやすく言えば、**「勉強モードに入れなくさせている『要因』を取り除かなければ、そもそも話にならない」**ということです。

テレビがついたままの状態や、家庭内で兄弟姉妹が騒いでいる環境では、勉強モードには入れません。まず、環境整備を行うようにしてください。

どうしても家でできないようであれば、**図書館や学校、学童クラブで勉強するのも**1つの方法です。とにかく、勉強を妨げる環境から離すことを考えてみてください。

なお、ゲームやスマホへの対応については、「第3原則」で扱いますので、そちらも参考にしてください。

第2原則

強制されたことは、やらない。やったとしても、形だけになる

point

- 子どもが嫌がることを一方的に強制しても、良い結果は出ない。
- 子どもが前向きに勉強に取り組むという状況をつくることがファーストステップ。
- 自主的に勉強させるには、子どもが簡単に解けるレベルの問題をたくさん解かせて自信をつけ、少しずつ難易度を上げていきながら「自尊心」を持たせることが効果的。

第3原則

人間には、
最低3つの
長所がある

短所を直すより、長所を伸ばす

日々、子どもと接していると、欠点や短所ばかり目につく……、という方は少なからずいらっしゃいます。

「いつまでもだらだら食べている」
「言わないと後片づけをしない」
「ゲームばっかり、ずーっとやっている」
「勉強をしている気配がない」

など、「本当にわが子なの？」と思うぐらいのどうしようもない姿に、親として叱らざるを得ない状況に追い込まれているということもあるのではないでしょうか。

それはそれで正していく必要があるのですが、そのとき注意しなければならないのは、**日々叱り続けていると、親自身が「この子は欠点ばかりで長所がないのではないか」という錯覚に陥る場合がある**ということです。

もちろん、どんな子どもでも長所がないということはありません。しかし、毎日同じことをやり、同じようなことばかり考えていると、いつの間にか思考パターンが固定化されてしまうことがあります。

そのようにして、せっかくの長所が見えなくなっていくことがあるのです。

そこで、第3原則です。当たり前のことですが、人間には必ず長所があります。それも、たった1つではないと考えてください。

【第3原則】人間には、最低3つの長所がある

この「最低3つ」という部分が重要です。そうなのです、探せば必ず3つは出てきます。**これを伸ばすと、人間は「化ける」のです。**

なのに、日々目に見える部分、得てして欠点にとらわれてしまって、長所を見ていないというのは、とてももったいないことです。

日本国内でも50万部以上のベストセラーとなった『さあ、才能《じぶん》に目覚めよう――あなたの5つの強みを見出し、活かす』（マーカス・バッキンガム&ドナルド・O・クリフトン著、田口俊樹訳、日本経済新聞出版社）の中に、次のような記述があります。

「世界じゅうの学校や職場で生徒や職員は、優秀な人間になるには、まず弱点を自覚すること、分析すること、そして、それを克服することだと教えられている。

こうしたことは悪意があってなされているわけではもちろんない。しかし、指導法としてはまちがっている。（中略）

自ら選んだ分野で並はずれた才能を発揮し、常に満足を得るには、その強みのパターンを知らなければならない。自らの強みを発見し、顕在化させ、活用する術を身につけなければならない。」

では、「長所を伸ばす」ためには、どのようなことをすればいいのでしょうか。
これから、実際にご相談された3つの事例を紹介します。

子どもの長所の見つけ方とは？

まず1つ目のご相談は、アニメのキャラクターを描くこと以外、モティベーションがないと思われるお子さんのケースです。

お母さんは、息子のそんな姿を見て毎日イライラしてしまう……とおっしゃいます。

問題の本質は、子どもが勉強しないことではありません。別のところにあります。

相談

勉強もしないで、お絵かきに夢中……

（仮名：岡田さん）

初めまして。高1息子と小5娘の母です。気分の浮き沈みの激しい、思春期真っただ中の息子についてご相談です。

大学には進みたくても、自分に甘いところがあり、勉強から逃げています。やらなくてはいけないことから目を背けている様子です。

勉強の習慣もなく、成績も良くありません。中学までは、9教科とも赤点はなく、60〜80点ぐらいはとっていましたが……。

どうすれば、前向きな心を持たせてやれるのかと悩んでおります。

ちなみに本人は、絵を描くことが好きです。まだ好きなキャラクターだけですが、しょっちゅう描いています。サッカーを小学3年生から続けてきましたが、練習が厳しいので先月辞めてしまって、今は帰宅部です。

本人は2学期から勉強すると言ったのに、その様子は見られず、机についているときはひたすらお絵描きという状態。

このような状況に、いつもイライラしてしまいます。私は、どのように対応すればいいのでしょうか？

問題の原因

まずは現状を整理してみましょう。

- 子どもの勉強に対するモティベーションはほぼない
- 子どもは、好きなキャラクターの絵を描くのは得意だが、親はこれを良いことと思っていない
- 子どもは、厳しいものから逃げる傾向にあると親は思っている

そして親の希望は、「積極的に勉強に取り組んでほしい」というものです。

岡田さんは、子どもが勉強に対して価値を感じておらず、自分の好きなことや惰性に流されていると考え、イライラが募っています。

どうにかして「勉強をやらせたい」ということで、おそらく勉強に対してさまざまに口を出されていることでしょう。たとえば、「勉強しなさい！」「もう宿題終わったの？」「もうじきテストじゃないの!?」といった発言が、日常の会話に何度も出てきていると思われます。

しかし、このような発言をしたところで、何の解決にもなりません。解決につながらないどころか、事態が悪化することすらあります。

このような状況は、多くの家庭で事の大小はあれ、よくある話です。そしてその原因は、これまで実践してきた子どもへのアプローチの方法にあることが少なくありません。

つまり、岡田さんは今、高校1年生になった息子の現状を見て、問題視されているのですが、実は、こうなるまでの伏線がすでに過去から継続してあったということです。

しかもそれは、これまで長い期間かけてつくってきた習慣なので、本人は気づかず、そしてこのままいけば、今後も変わることがないものなのです。

子どもが小学生ぐらいまでであれば、比較的、親の言うことを聞きます。子どもの精神年齢にもよりますが、中学生の場合でも小学生と同様に、親の言うことを聞いているように見える場合もあります。

しかし、一見そう見えても、やりたくないことを押しつけられ、しかたなしにやっているという状況では、内心、快くは思っていないでしょう。

なのに、表面だけを見て「よくやっている」と判断してしまうと、子どもが成長し、やがて自我が出てくると、その内的部分が表面化してきます。

まさに、岡田さんのお子さんはそのような状態にあるのです。

解決策

では、これまで長期間にわたって習慣化してしまったことを、どのように変えていけばいいのでしょうか？

次の3つのステップを踏んでみてください。

STEP1　根本原因は何かを考える　↓　ただし、解明できなくてよい
STEP2　親は「何をすべきでないか」を考える　↓　やるべきことの前に、やるべきではないことを考える
STEP3　親は「何をすべきか」を考える　↓　最後に、やるべきことを考える

では、順にお話ししていきます。

STEP 1

根本原因は何かを考える

先ほどお話ししたように、原因は何かというと、これまで長期間培った習慣にあります。では、自分がどのような対応をしてきたかを思い出してみましょう。

これは、原因を特定するのが目的ではなく、**原因が何かを考えることに意味があるのです。**

はじめのうちは、目の前の現象（つまり、子どもが勉強しないという状態、根気がない状態）を何とかして変えたいという気持ちばかり先行し、なかなか原因について考えられないことでしょう。

考えてはみたが、原因が結局わからないということもあります。でも、それでいいのです。

まずどうしたらいいかを考える前に、「何が根本原因なのだろうか？」と、これまでのご自分の言動を振り返ってみてください。

STEP 2 親は「何をすべきでないか」を考える

2つ目は、「親は何をすべきか」の前に、「親は何をすべきでないか」を考えるというステップです。

解決策というと、足し算の原理で「何をすべきか」をすぐ考えてしまいますが、**引き算の原理で「何をすべきでないか」を見つけ、それを実行する方がうまくいくことが多い**のです。

「すべきではないこと」としておすすめなのが、「勉強に干渉すること」です。まずは、これをきっぱりやめましょう。具体的には、**勉強に対して「指示」「強制」「暗示（嫌味のように暗示する）」といったことはしない**方がよいということです。

これを実行するには、親の忍耐力が試されます。何しろ、これまで勉強に干渉することが習慣になってしまっているのですから。

STEP 3 親は「何をすべきか」を考える

そして、最後に「すべきこと」です。今回のケースでは、**「子どもの長所」にフォーカスすること**です。

「あなたの周りの赤いものを探してください」と言われれば、今まで単なる景色の一部だった赤いものが、いきなりくっきりと目に飛び込んできますね。目的物やターゲットを明確にすると、その対象が向こうから目に飛び込んでくるというのはよくあることです。

ですから、**子どもの長所を探そうと思うと、短所にはあまり目がいかず、長所に気づきはじめるようになるのです。**

これまでは長所にフォーカスしていなかったので、どうしても短所ばかり目についていたということです。

では、岡田さんのお子さんの場合、長所は何になるでしょうか？　それは、絵を描くのが好きだということです。それを活用するのです。

しかし、ただ「絵を描くことが好き」といっても、キャラクターが好き、アニメに興味がある、創造的につくることが好き、あるいは自分だけの静かな時間が好き、などといろいろあります。

その細かな嗜好を勉強とつなげると、勉強に対するイメージが子どもの中で変わってきます。

たとえば、キャラクターが好きなのであれば、それを学校のノートに吹き出しの形で登場させます。また、アニメに興味があるのであれば、アニメ制作の現場やイベントに参加させたりします。すると、学校の勉強もある程度必要だということがわかってきます。

直接、勉強に関することだけを指摘するのではなく、**子どもの長所や関心事をきっかけに子どもの興味の輪が広がる**ように働きかけていくことが最も効果的な方法なのです。

「ゲームにハマりやすい」のも長所だと考える

次の相談は非常に多く、本書をお読みの方の中にも、ゲームやスマホにハマるわが子の姿を見るたびに、つい叱りつけてしまうという方もいらっしゃるのではないでしょうか。

ゲームは人間がハマってしまうように設計されていますので、子どもがハマるのは当然と言えば当然のことです（大人でもハマってしまう人もいるぐらいですから）。

こう考えると、ゲームをすること自体が問題というわけではありません。では、いったい何が原因なのでしょうか？

相談

ゲームのやりすぎで、日常生活にしわ寄せがきている

（仮名：岩崎さん）

小３の息子を持つ母親です。ゲームのやりすぎに悩んでおります。２年生になったあたりから、なかなかゲームがやめられず、ルールを守れなくなりました。

最近は注意すると、「もうちょっとやりたい！」……もう一度注意すると怒り出し、物に当たったり、すぐに泣いたりしています。

一番気になるのは、ゲームの影響なのか、お風呂に入る、ごはんを食べるなどの日常生活ができなくなってきていることです。ゲームしたさに朝からスネて、学校を休んでしまうこともあります。

平日は３時間近く、休日は６時間ぐらいしているので、いっそのこと、ゲー

ム機を壊してしまおうかと旦那と話すのですが、なかなか実行できません。壊してしまったら、暴れてどんな行動を取るか予測もできないからです。

このような環境にしてしまったのは私たちの責任ですが、朝から怒鳴り散らしてしまう日が続き、私の方が滅入ってしまって体調を崩してしまいました……。どのようにしつけをしていいのか、まったくわからなくなってしまっています。

問題の原因

最近はスマートフォンでゲームをしている人も多く、まさに一人一台ゲーム機を持っている時代です。

岩崎さんのお子さんのような状態に陥っている家庭は、それこそ全国にごまんとあることでしょう。

その一番の原因は、「子どもにゲーム機を持たせている」ということです。そもそもはじめからゲーム機を持たせていなければ、このようなことにはなっていません。しかし、これだけスマホやゲーム機を誰もが持っている状況で、わが子だけには持たせないと固く決心できる家庭は少数派だと思われます。

では、もう少し現実的な話をしましょう。私はこれまで非常に多くの親御さん、子どもたちに、ゲームやスマホについて話をしてきました。

そこからわかったことがあります。それは、ゲーム機を持っている家庭には、いくつかのパターンがあるということです。

1　ゲーム機を持つにあたり、約束事（ルール）をつくっている家庭と、つくっていない家庭がある

まず、ゲーム機を持つ段階で、約束事をつくる家庭とつくらない家庭に分かれま

す。約束事というのは、「ゲームは一日1時間まで」「勉強が終わったらゲームをやる」などです。

子どもの行動が目に余るようになって、あわててルールをつくっても効果はありません。**最初にルールをつくらないと意味がないのです。**

2 家庭で約束事をつくっていても、ペナルティを決めている家庭と、決めていない家庭がある

次に、家庭でルールをつくっていても、それを破ったときにどうなるのかというペナルティを決めている家庭と、そうでない家庭に分かれます。

たとえば、「このルールが守れなかったら、1週間ゲーム禁止」などです。ペナルティを決めていなければ、子どもは「ルールを破っても別に関係ないし」と思ってもしかたがありません。

3 ペナルティを決めても、それを実行する家庭と、実行しない家庭がある

ペナルティを決めたところまではいいですが、子どもがルールを破ってしまったときに、ペナルティを実行しない家庭もあります。

こうなると、子どもはますます約束を守らなくなり、悪い意味での「教育」を行ってしまうことになります。

このように見てくると、ゲームでトラブルにならない家庭がどのようなものかおわかりでしょう。まとめると、次のようになります。

「ゲームについてのルールがあり、そのルールが守れないときのペナルティがある。そして、そのペナルティを必ず実行している」ということです。

岩崎さんの場合は、1のルールはあるようですが、その後の部分でうまくいっていないということになります。

つまり、子どものことを配慮してか、ペナルティがない（当然、実行もできていない）のが原因ということですね。

解決策

岩崎さんのような状況になっているときは、次のような2つの解決策が考えられます。

❶なぜ今の状況が問題なのか、冷静に話して、ルールとペナルティを子どもにつくらせる
❷徹底してゲームをやらせる

1つ目は一般的な方法で、2つ目は長所を活かして伸ばす方法です。

❶なぜ今の状況が問題なのか、冷静に話して、ルールとペナルティを子どもにつくらせる

これまでは、親がルールを強制していました。子どもは、いったんは受け入れるでしょうが、納得はしていないでしょうし、場合によってはキレるということもあるでしょう。

そこで、まず、親はなぜゲームにここまでハマることを良しとしていないのかについて、冷静に感情を交えずに話をするのがいいでしょう。雰囲気としては、あまり深刻ではない状況をつくります。

さらに一歩進んで、ゲームのルール、ペナルティを親からの押しつけではなく、子どもに決めさせていきます。**親から押しつけられたルールよりは、自分で決めたルールの方が守る可能性が高い**からです。また、子どもの自律性の向上にも役立ちます。

岩崎さんのお子さんは、**スネたり、学校を休んだり、暴力的になるという実績があるので、ルールが守れなかったらどうするべきかというところまで、あらかじめ決めておく**のです。

このときの話の進め方は、次の例を参考にしてください。

親「もしゲーム機を持ったら、ゲームばかりしてしまうことになるかもしれないよね。どうしたら、そうならないと思う？」

子「そんなにやらないから大丈夫」

親「でも、もしやってしまうことがあれば、お母さんは怒ることになるけど、それでもいい？」

子「……それは嫌だと思う」

親「じゃあ、どうしたらいい？」

子「ルールを決める」

親「どういうルール？」

子「一日1時間だけとか」
親「じゃあ、ルールをつくったとして、それが守れなかったらどうする？」
子「ちゃんと守る」
親「ちゃんと守れないときはどうする？」
子「……」
親「ルールを守れないときにどうするかを決めておかないと、『約束を破った』と言って怒られることになるけど」
子「そのときは、もうゲームをやらない」
親「でも、ゲームをやらないようになっても、またやりたくなるよね。だから、たとえば『3日間はやれない』というペナルティをはじめに決めておくのはどう？」
子「わかった。じゃあ、1週間禁止でいい」
親「ペナルティを決めたら、必ず実行されるけど、そうなったときに、それを嫌がって、ふてくされたり、暴れたり、泣いたりはしない？」
子「うん。大丈夫」

このように、口頭で念押しするのと同時に、**自分で決めたルールを紙に書かせて家族がよく見るところに貼っておくと**、子どもはある種の誓いをしたということで、今後はこれまでのような状況になりにくくなります。

それでも、ペナルティを実行するときになると、子どもは嫌がったり、泣いたりするかもしれません。

しかし、決めごとは決めごと。ここでしっかりとやらなければ、教育にはなりません。そしてペナルティを一度実行すると、次からはルールを破る確率がグッと減っていきます。

❷徹底してゲームをやらせる

さて、２つ目の解決策です。これは、**子どもの長所を伸ばす方法**です。あまりにも非現実的に見えますが、実際に行っている方もいらっしゃいます。

それは、「徹底してゲームをやらせる」ということです。先ほどのアプローチとは真逆ですね。しかし、考えようによっては、子どもの長所はもしかしたら、このゲームに関連する能力にあるとはいえないでしょうか。

小3で平日に3時間、休日に6時間もゲームをやり続けるという集中力は、ある意味、すごいことです。それだけ集中して行うことは、通常の大人でも難しいことでしょう。

IT系の起業家の中には、子どものころにゲームやパソコンにハマって、それこそ食事をとるとき以外、ずーっとやり続けていたという逸話がある人は何人もいます。

しかも、そのような人の家庭では、子どもがゲームにハマりすぎていても、いっさい制限を加えることをしなかったというのですから、見事と言うほかありません。

実は、この方法には、子どもの長所を伸ばすことによって将来の職業につなげるという意味もありますが、もう1つ別の意味合いもあります。

つまり、子どもがゲームを制限なくやり続けて、**そのうち飽きるのを待つ**、ということです。

好きな食べ物でも、毎日食べていたらいつかは飽きます。たまに食べるから、美味しさを感じるのです。

ですから、長所がゲームということであれば、それが開花することもあるし、そうでなければ、そのうち自分で制限しはじめるようになると考えてみてください。

とはいえ、このような理屈がわかっていても、親としては、「このままゲームばかりで、言うことをいっさい聞かなくなったらどうしよう」と不安がよぎります。それは無理もないことです。ですから、これを選択するかどうかは、最終的には家庭の判断となります。

一番よくないのは、中途半端な対応をすることです。一貫性がなくなるとよくないですから、その点を考慮に入れて、この方法を採用するかどうか考えてみてください。

子どもの長所は、短所の裏返しである

「負けず嫌い」「プライドが高い」といった性格には、プラス面とマイナス面とがあります。

わが子はマイナス面が強く出てしまっているという場合、どうしたらそれをプラス面にひっくり返すことができるでしょうか?

「親の視点を変える」ということがヒントになりそうです。

相談

プライドが高すぎる娘が心配

（仮名：関口さん）

小４の娘のことでご相談します。小３まで、近くの塾で算数を習っていたので計算はできますが、国語の読解や算数の文章題、図形、単位などは勘で解いている状態です。

小３の標準レベルの問題でも、「計算の過程を図や文章で書きなさい」と言うと、手が止まってしまいます。国語にいたっては、適当に読んで適当に答えるという表現がぴったりで、直すように指示しても４、５回目でやっと正解になるような状態です。

特に、「正答すること」にこだわっているようで、私が見ていないところで答えを写していることも多々あります。

「わからない」「できない」ということを人に知られたくないと思っている節があり、私の言うことも素直に聞こうとしません。立ち直りが大変遅いのも気になっています。

プライドが高いのは、あまり良いこととは思えないのですが、私はどのように声かけをしていけばいいでしょうか?

問題の原因

お母さんもお困りの様子で、どう対応すればよいかわからなくなってしまっているようですね。ご相談は「どのように声かけをしていけばいいでしょうか?」で終わっていますが、声かけだけで変えていくことは簡単ではありません。

その前に重要なことがあります。それを知らなければ、いくら声かけをしても無駄になってしまいます。

それは、親の子どもに対する意識、特に**「勉強に対する親の意識」「子どもが間違えることに対する親の意識」を変える必要がある**ということです。

関口さんのお子さんの場合、勉強を放棄せず、一生懸命やっていますが、内容が理解できず、また考える速度も遅いため、なかなか先に進めないという状態です。

その様子を見て、親は、子どもの思考速度、理解速度を知りつつも、親の基準（これくらいはできて当たり前と思っている基準）を中心に考えてしまうので、イライラが募っていきます。

「あるべき姿」（親の理想像）とかけ離れていると考えるから、ストレスが増長するのです。その結果、それが子どもに伝播し、子どももストレスを抱えるという状態にもなりかねません。

ですから、「子どもにはこれぐらいはできてほしい」という基準をなかなか変えられず、いきなり理想の状態にフォーカスしてしまっていることに原因があると考えられます。

もう少し、ご質問内容を細かく見ていきましょう。

まず、お子さんは、算数の一部の問題を勘で解いているということですが、小3ぐらいだと意味をよく考えずに、感覚で解くというのはよくあることです。

国語では、問題を解くために文章を読んでいるので、面白くないでしょうね。このやり方をずっと続けていくと、国語が嫌いになっても無理はないでしょう。

プライドが高い子（場合によっては「負けず嫌い」という言葉の方が合っているかもしれません）は、人に負けまいと努力を人一倍するという長所がある一方で、負けるのではないかと思うと、そうなる前に逃げてしまう可能性もあります。

ひどい場合は、嘘をついてまで自分のプライドを維持するという行為に出る場合もあります。関口さんのお子さんはまさに、このような状態にあるのでしょう。

私がこれまで指導してきた中にも、このような生徒がいました。そのような子どもには、適切なアプローチをしていかなくてはなりません。

解決策

では、解決策です。「問題の原因」のところでもお話ししましたが、原因の第一は、「いきなり親の基準に到達させようとしてしまっていること」でした。

子どもの現状と親の基準値に大きなギャップがあることが、親を不安にさせ、子どもにストレスを感じさせているということですね。

では、これをどうやって解決していくかというと、方法は2つあります。

❶細分化スキルを使う
❷長所を伸ばしていく

1つひとつ、見ていきましょう。

❶細分化スキルを使う

こちらは、72ページでも出てきましたね。算数であれば、すべての問題を勘で解いているというわけではなく、図形や文章題以外では、しっかり考えて解いている問題もあるはずです。

そこでまず、勘ではなく理解できている問題と、そうでない問題に分けます。小2までの基本問題であれば、できているはずでしょう。

もし、基本問題もわからないようなら、さらに超基本問題だけをセレクトしてそれをやらせます。このようにして、**成功体験を積ませます。**

そして、基本ばかりではつまらなくなり、もう少しレベルを上げた問題をやりたくなるように誘導していきます。

すると、すでに成功体験がありますから、「これもできるはず！」という感覚で取り組みを始めます。これまでとはまったく異なる意識状態となるのです。

国語であれば、段落に切って細分化し、その段落の意味だけわかればいいようにします。そこで、問題を解くために読むのではなく、その内容について「どう思う?」と自分の意見を言わせていきます。

意見を言うためには、文章の内容に入っていかなくてはなりません。内容に入っていくことができれば、問題が解ける確率が数段上がります。

このように、「ステップ・バイ・ステップ」というアプローチをとってみてください。**上達には段階があるのです。**

❷長所を伸ばしていく

プライドが高い子、負けず嫌いな子は、逆に言えば**「自分ができることは得意になってやる」**という傾向を持っています。そこで、お子さんの長所を見つけ、それを徹底して伸ばしてあげるという手法をとります。

このような話をすると、「うちの子は、勉強で良いところがないのです」という方がたまにいますが、それはまだ見つけられていないということです。必ずあります。

私はこれまで3500人以上の子どもたちを見てきましたが、勉強分野で長所のない子は1人もいませんでした。

長所というと、「英語ができる」「数学ができる」というようなことが長所だと思っている方がほとんどではないかと思います。

それも確かに長所には変わりありませんが、そうなると国算（数）社理（英）という4つ、5つしか項目がないことになります。

私が考える長所とは、このような科目のことではなく、もっと別の観点から見たものです。それを伸ばしてあげるのです。

たとえば、次のようなことです。

「話すことが得意」
「話を聞くことが得意」

「書くことが得意」
「読むことが得意」
「暗記することが得意」
「観察することが得意」
「仲良くすることが得意」
「人に教えることが得意」

このとき**重要なのは、「人と比べて得意」なものではなく、「自分の中で得意」なことを探す**ということです。

「うちの子はすべてダメです」という方は、それは「他人と比べて」、あるいは「親の基準で見たら」ダメということではありませんか？　そのような見方では、いつまでたっても子どもの長所が見えてこないでしょう。

相対的に見るのではなく、**子どもの中の「絶対的長所」を探す**のです。

たとえば、先ほどの8つの要素で序列をつくれば、必ず第1位が出てきますね。

そこから伸ばしていきます。

例1 「話すこと」が得意な場合

国語の問題とは別に、文章の内容についてどう思うか話をしてもらいます。ただし、次のように注意は必要です。

× 「この問題について話をしてみて」
○ 「このお話って、どんなことが言いたいんだろうね」

つまり、**これも勉強だと思わせないことが重要**です。子どもの中で「勉強＝やらされるもの＝やりたくないもの＝嫌い」という等式が成り立っているので、「問題」という単語ではなく、「お話」という言葉を使う方がいいでしょう。

例2

「覚えること」が得意な場合

次のように、**ゲーム制を導入します**。

×「では、今からこの言葉を全部覚えて」

○「今から3分間で、どれだけ覚えられるかな？　記録に挑戦してみよう！」

×の声かけは、完全につまらないですよね。でも、このような声かけが実際にはたいへん多いのです。

そうではなくて、○の例のように**ワクワク感を感じさせるように「演出」するといいでしょう**。

あるいは、「仲良くすること」が得意な子であれば、友達を自宅に招いて、一緒に宿題をする場をつくってあげます。

すると、親子とは違った環境で、前向きに勉強に取り組むでしょう。

以上のように、「子どもの中の絶対的長所」を見つけ、それを勉強と関連づけていくことで、お子さんは徐々に変化していきます。

長所は、その子を伸ばすための起爆剤

これまで、3つの事例をご紹介してきました。いずれも「長所を伸ばす」という視点を入れているのに気づかれたでしょうか？

しかし、よくあるのは、長所よりも、目の前のわが子のよくない点に気をとられてしまうことです。

目に見える部分なのでしかたがないのですが、勉強しない原因もそこにあると勘違いし、「どうやって勉強をやらせるような声かけをしたらいいか」と考えてしまいがちです。

しかし、得てして**解決策のヒントは、問題の表面的部分にはなく、別の角度から眺めて見えることにあるのです。**

子どもの長所をよく見るようになると、子どもではなく、親が変わります。

子どもの長所に意識がフォーカスされるので、「叱る」という機会が激減するのです。

今後、子どもの状況において困ったことがあれば、「この子の長所は何か？」と考えてみましょう。そしてもし可能であれば、これまでの事例のように、それを「学び」の部分につなげていければなおよいでしょう。

第3原則

人間には、最低3つの長所がある

point

- 親は子どもの欠点ばかり見てしまいがち。その子の長所を探そうと心がければ、自然に目に入ってくるようになる。
- 欠点を直そうとするより、長所を徹底的に伸ばそうと考える方が建設的。
- 長所は、欠点の裏返しであることも。たとえば、「ゲームばかりしている」のも、見方を変えると「すごい集中力」になる。

第4原則

親は成長が止まっているが、子どもは成長している

子どもの反発は、成長の証

私はこれまで、３５００人を超える子どもたち、保護者の方々とお会いしてきました。その中で気づいたことの１つに、「子どもの成長に、親の視点の変化が追いついていない」ということがあります。

どういうことかというと、**「親は子どもの体の成長には気づくが、精神面の変化には気づかず、対応ができていない」**ということです。

たとえば、子どもが反発するようになったり、口答えするようになったり、言うことを聞かなくなったりするなどの精神的変化については、なかなか対応できていないのです。

過去の聞き分けのよかったときを基準にして、わが子が急に変わってしまったと受け取ってしまうのでしょう。

そのため、「あのときはこうだったのに！」となって、親子間であつれきや口げんかが起こります。親はやがて強制語を使ったり、叱り続けたりすることで、無理やりに近い形で言うことを聞かせようとします。

すると、第2原則の「強制されたことは、やらない。やったとしても、形だけになる」という言葉のとおり、ますます事態が悪化してしまいます。

そこで、次の「第4の原則」です。この事実を知らないと、子どもとの平行線はいつまでも続いてしまう可能性があります。

【第4原則】親は成長が止まっているが、子どもは成長している

なんとも、強烈な言葉です。しかし、よく考えてみると、親の肉体的成長はとっくの昔に止まり、失礼ながら精神的にも子どもほどの変化はないのではないでしょ

うか。

その一方で、子どもは日々、心身ともに成長、変化を続けています。ということは、この事実に早く気づかないと、日を経るごとに理想と現実とのギャップが大きくなる可能性があります。

親はつい、「あのときはこうだった」という過去の視点で子どもを見てしまいがちです。そして、昔と違うと感じると、違和感や不安を持ち、以前のように戻そうと働きかけます。

それは、成長する前の状態に子どもを戻そうとする行為にほかならないのです。

また、子どもに兄弟姉妹がいる場合、それぞれを比べてしまうという傾向もあります。

「お兄ちゃんはしっかりしているのに、弟は……」とか、「同じように育てていながら、どうしてこんなに違うの？」と思うこともあるかもしれませんが、違っていて当たり前。逆に同じだと怖いものです。

子どもの発達段階ごとの特徴

学童期（小学校低学年）

小学校低学年の時期の子どもは、幼児期の特徴を残しながらも、「大人が『いけない』と言うことは、してはならない」といったように、大人の言うことを守る中で、善悪についての理解と判断ができるようになる。また、言語能力や認識力も高まり、自然等への関心が増える時期である。

学童期（小学校高学年）

9歳以降の小学校高学年の時期には、幼児期を離れ、物事をある程度対象化して認識することができるようになる。対象との間に距離をおいた分析ができるようになり、知的な活動においてもより分化した追求が可能となる。自分のことも客観的にとらえられるようになるが、一方、発達の個人差も顕著になる（いわゆる「9歳の壁」）。
身体も大きく成長し、自己肯定感を持ちはじめる時期であるが、反面、発達の個人差も大きく見られることから、自己に対する肯定的な意識を持てず、劣等感を持ちやすくなる時期でもある。

青年前期（中学校）

中学生になるこの時期は、思春期に入り、親や友達と異なる自分独自の内面の世界があることに気づきはじめるとともに、自意識と客観的事実との違いに悩み、様々な葛藤の中で、自らの生き方を模索しはじめる時期である。また、大人との関係よりも、友人関係に自らへの強い意味を見いだす。さらに、親に対する反抗期を迎えたり、親子のコミュニケーションが不足しがちな時期でもあり、思春期特有の課題が現れる。

出典：「子どもの発達段階ごとの特徴と重視すべき課題」（文部科学省、http://www.mext.go.jp/b_menu/shingi/chousa/shotou/053/shiryo/attach/1282789.htm）より

それはわかっていても、どうしてもほかの人や過去と比べてしまうのが人間の性なのかもしれません。

そう感じることがあるなら、いったん立ち止まって考えてみましょう。**親と子は成長の段階がまったく異なる存在であり、兄弟姉妹どうしでも異なる**ということを。

子どもを変えるのではなく、親が変わる

前の章で、「ゲームにハマる子」の事例を取り上げました。次の事例も一見、同様に見えますが、この章では異なった視点でアプローチしていきます。

相談

毎日怒鳴っては反発される、の繰り返し

（仮名：池田さん）

小学2年生の息子がいます。兄妹もいますが、小2の息子だけ、すべての行

動が目につきます。

毎日私が怒鳴っては反発してきて、さらに言い返されるたびにイライラします。自分でもどうしていいかわからない状況が続いています。

息子は遊びが大好きで、YouTubeやゲームばかりしています。私が「勉強しなさい！」と言っても、最初はやるのですが集中力がなく、すぐほかのことに目が行って遊んでしまいます。何度も注意しても、同じことの繰り返しです。

塾に通わせても変わりません。私もすぐ怒るのをやめたいのですが、どうすればいいでしょうか？

問題の原因

最初に確認しておきたいのは、小2のお子さんは特別な状態にあるわけではないということです。

遊びが好きだということは、小学生にとって当たり前ですし、それに遊び自体は非常に大切なことです。もし遊ばない小学生がいたら、逆にその方が気になります。ただ、池田さんは「ゲームやネットはいつまでも見ているのに、勉強はすぐに飽きてしまう」「親が言うと言い返してきて反発する」ということにイライラが募っている状態です。

これは一般的とはいえ、このままで良いわけではありませんね。やはり親としては、良い状態になってもらいたいと考えてしまいます。では、解決策を考える前に、どこに原因があるか考えてみましょう。

ゲームについての個別的対応は「第3原則」のところをご参照いただくとして、ここではもう少し深く掘り下げていきます。

まず、子どもに現状から変わってほしいと願い、いろいろと手段を講じても、事はうまく運びません。それを行う前に、必要なことがあるのです。

それは、**子どもではなく、親の方が変わることです。**なぜなら、親子の間では無意識のうちに上下関係がつくられているからです。

上下関係が存在するなかでは、上の方が変わらなければ何も変わりません。会社の上司・部下の関係も同じではないでしょうか。

ということなので、池田さんの場合、一番の根本原因は、「親は成長が止まっているが、子どもは成長していることを認識できていない」ことにあると考えていいでしょう。

もし、これが認識できていれば、**子どもの反発や口答えは、成長の証と考えられる**ので、怒鳴ってばかりという事態には至りません。

つまり、怒鳴るよりも、どうしたら子どもが楽しく勉強も遊びもできるかに焦点が移るのです。

こう言うと、「そんなことを言われても、実際に子どもたちが毎日毎日騒ぎまくり、遊びまくるなかで、親は家事も仕事もして、さらに勉強の問題まで解決しなければならない状況で、そんな余裕など持てるはずないでしょう！！！」と言いたくなるかもしれませんね。

はい、確かにそうです。おっしゃるとおりです。

しかし、そのとおりだからと言って、このまま現状を続けていれば、親も子も疲れ果ててしまいます。

そうならないように、少しでも良い方向へ、少しでもハッピーな家庭生活に向けてシフトしていくためには、上の立場の者の考え方を変えなければならないのもまた事実なのです。

では、具体的に何をすればいいのでしょうか？

解決策

親が急に変わることは難しいかもしれませんが、まず最初のステップは**「意識的に精神的ゆとりの時間を取る」**ことです。

そんな時間などないと思われるかもしれませんが、時間はつくることができるものです。自分のための時間を、1週間に1時間だけでもつくってください。

私はこれまで、タイムマネジメントのセミナーを年間数回行い、まったく時間がないという方々に時間術の指導をさせていただいています。

そこでクライアントの方々からは、「それまで『**時間がない！**』**と思っていたのは錯覚にすぎず、いくらでも時間はつくれる**ということがわかった」というご感想をいただいています。

要するに、自分で時間をつくろうと思うか思わないかだけの差だったのです。

ゆとりの時間をつくるためには、手帳を活用します。ペンを持ち手帳を見ながら、次の1週間をどのように過ごすかに意識を集中させます。

そのとき、**意識がマイナス面に向かわないように注意します**。「こんなに忙しくて大変！」「あれもやらなければならないし、これもやらなければならない！」と考えてしまうと、精神的にどんどん追い込まれてしまいます。

そのような方向ではなく、「どうやったら楽しめるか？」「どんな新しい変化があるか？」などと、「考えるとワクワクする」方向に意識を向けていきます。

たとえば、

- 映画やショッピングなど、楽しい予定を1つでも入れておく
- 1週間に1時間だけの「ごほうびの時間」をあらかじめ予定に入れておく
- 1週間に1度だけ、家族で外食する予定を入れておく

などがあります。

以上のことが、根本的な解決策です。そのうえで、次の具体策を実行してみてはいかがでしょうか。

TIPS 1

「兄弟姉妹と比較する」のをやめる

池田さんは、「小2の息子だけ、すべての行動が目につきます」とあるように、兄弟間で比較をされていますが、それはやめましょう。人と比べても、みな個性が異なるので、あまり意味はありません。

前の章にも出てきましたが、「相対的比較」（ほかの人と比べる）をやめて、「絶対的比較」（1人の子の中でどれだけ成長したか、どのようなことに長所があるか）をする方が建設的です。

TIPS 2

「勉強をやりたくなる仕組み」を導入する

親が勉強方法を知っているのは、悪いことではありません。それを知っていることで、効率的なやり方を教えることもできるでしょう。

しかし、池田さんの場合は、その前に「勉強がやりたくなる仕組みを取り入れる」ことをされてみてはいかがでしょうか。

仕組みにもいろいろなものがありますが、私が今おすすめしているのは、私が開発した**「子ども手帳」を使う方法**です。

仕組みはとてもシンプルなもので、

1　1週間のやるべきことを手帳に書く
2　やるべきことができたら、1で書いたことを赤で消す
3　消せた分だけ、ポイント精算する

の3つのプロセスだけです。

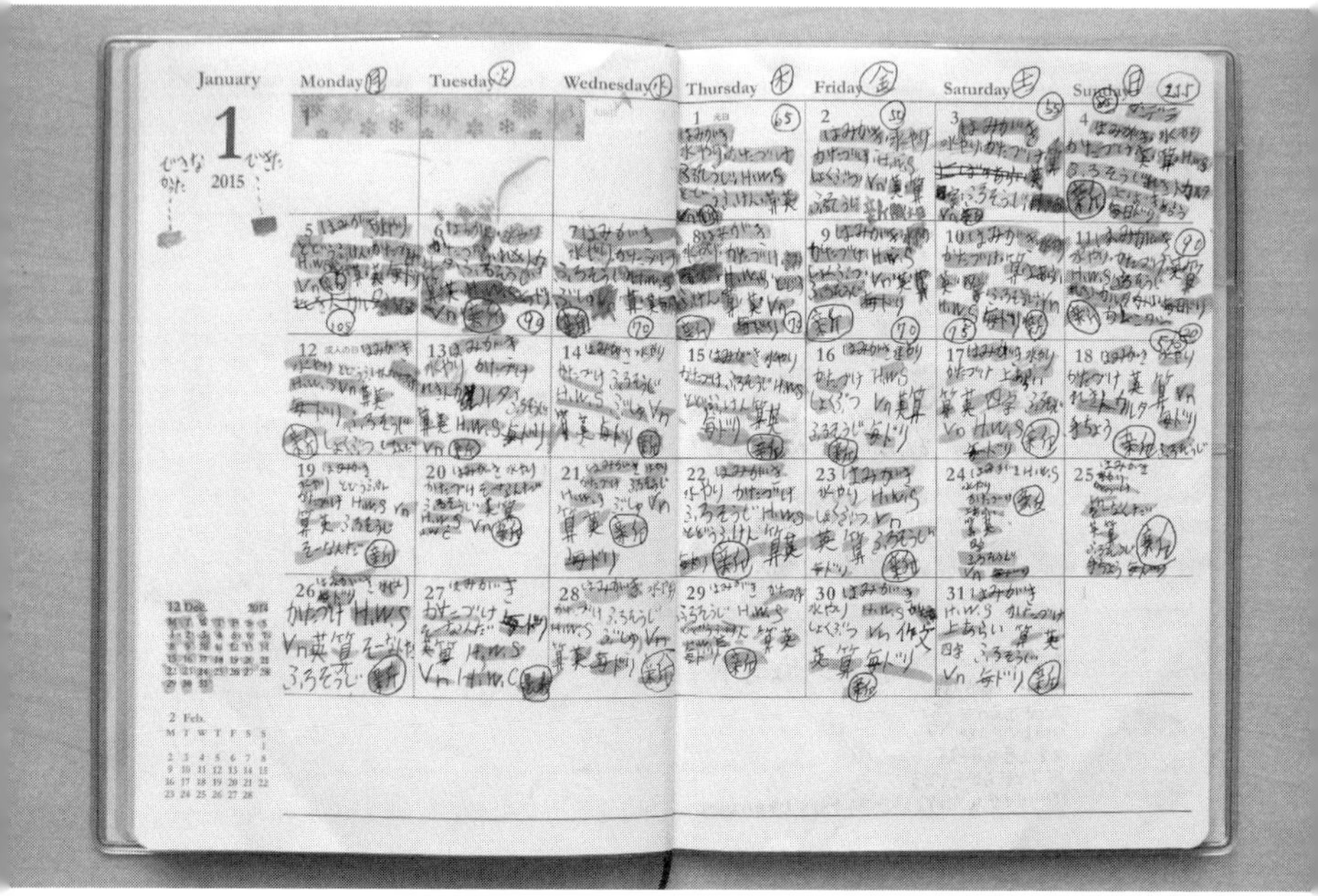

「子ども手帳」の使用例。
毎日やるべきことをびっしりと書き、できたことをマーカーで消しています

一見単純に見えますが、実はその中に、「自分の手帳が持てる喜び」「赤で消し込むときの快感」「ポイントを計算するときの達成感」など、やる気がどんどん出る仕掛けをいくつも盛り込んでいます。

実際、これを使ってみたところ、今まで勉強しなかった子が「もっと勉強したい！」と言いはじめるなど、180度の変化を遂げた、とうれしい声をたくさんいただいています（くわしくは、拙著『勉強しない子には「1冊の手帳」を与えよう！』〔ディスカヴァー〕をご覧ください）。

簡単で誰でもすぐにできますので、ぜひ活用してみてください。

なお、ゲームに関しては「第3原則」の章をご参照ください。

親は教師ではないし、家は学校ではない

子どもが中学生にもなると、何かと家庭内で問題が起こりがちです。よくあるのが、親子げんかという形で、主に勉強をめぐって起こります。

小学生の頃は何かと親の言うことを聞いていたのに、中学生になると反発してくる……という変化にとまどう方も少なくないでしょう。

では、その核心は何で、それに対して親はどのような対応をすればいいのでしょうか？

相談

ついつい言いすぎて後悔してしまう

（仮名：小宮山さん）

中学2年生の娘を持つ母親です。娘は素直で優しい子ですが、勉強のことになると、つい親子げんかになってしまいます。

最近は、私が勉強の話に触れると、「わかってる!!」の一言。私も負けじと、「わかってないから、私に言われるんでしょう！」と、またけんかが始まってしまいます。

本人は、戻ってきたテストの答案を見ては愕然とし、少しは反省している様子ですが、また元に戻ります。それを注意しても、「私が一番わかってるの！」と言う始末です。

塾は週2回行っていますが、それで勉強している気になっているのか、日々の勉強はほぼできていません。最近ではけんかも増え、うまく親子のコミュニケーションが取れていない気がします。私も言いすぎてしまうので……。

親が言いすぎても駄目なのは承知していますが、私が言わなかったらさらに勉強しないと思います。

一人っ子なので、私が先回りして世話を焼いてしまったのがよくなかったのでしょうか？

こう考えると不安な毎日です。どうか、よいアドバイスをお願いいたします。

問題の原因

小宮山さんは、これまでご自分がされてきたことをよく分析されていますね。しかし、分析ができても、何も変化がないことにイライラが募り、つらい毎日を送られているようです。

もちろん、お子さんもつらい状況でしょうね。親に言われたくないことを言われ、コミュニケーションも円滑に進まない状況でしょうから……。

では、小宮山さんのご相談内容を分析してみましょう。

■「勉強のことで親子げんかになってしまう」

子どもが中学生ぐらいになると、勉強のことでけんかになる確率は実は相当高いのです。

理由は簡単です。第2原則の「強制されたことは、やらない。やったとしても、形だけになる」が中学生以降は顕著に出てくるからです。

小学生の頃は、「親に言われる→やる」だったのが、中学生ぐらいになると、「言われる→反発」に変わるのです。

それともう1つ、重要なことがあります。それは次のことです。

「親は教師ではないし、家は学校ではない」

「それぐらい、わかってる！」と思われたかもしれませんが、実際親がやっているのは、教師のような、学校のような対応だったりするのです。

子どもにとって、親は親であり、教師ではないのです。

■「最近ではけんかも増え、うまく親子のコミュニケーションが取れていない気がします。私も言いすぎてしまうので……」

当然、コミュニケーションはあった方がいいのですが、その内容が重要になります。楽しい会話であれば問題ありませんが、どうも小宮山さんの場合はそうではないようです。

今回のご相談には、実は重大なことが書かれているのにお気づきでしょうか？それは、**「私も言いすぎてしまう」**というフレーズです。

本来は、年齢が高い方が、大人になって対応しなければならないのに、同等のレベルで言い合いをしているのです。

ここであらためて、重要な原則を書いておきます。

「親は成長が止まっているが、子どもは成長している」

子どもは成長しています。変化しています。**子どもが生意気になった、口答えしてきたというのは成長の結果であり、本来、とても喜ばしいこと**と考えてください。

■「親が言いすぎても駄目なのは承知していますが、私が言わなかったらさらに勉強しないと思います」

これは、すでに「第2原則」のところでも書きましたが、**「親が言うからやらない」**が正しいのです。長い間かけて築き上げたこの習慣は、そう一朝一夕に変わるものではありませんが、減らすことはできます。

今日、勉強のことを10回言ったとしたら、明日は7回、明後日は5回、……と数をかぞえていけば、何度も言うことがだんだんバカバカしくなっていくのでおすすめです（後でくわしくお話しします）。

解決策

まずは、根本的な原因の解決策を考えていきましょう。それは、親子の間での信頼関係の構築です。

「信頼関係は、コミュニケーションの量に比例する」という考え方があります。

みなさんも、信頼できる人とはコミュニケーションをよく取りますよね。「阿吽《あうん》の呼吸」で会話ができるかもしれません。

一方で、自分とはソリが合わない人や、できれば話したくない人とはコミュニケーションは取らないものです。


繰り返しますが、コミュニケーションとは、ただ話せばいいというものではありません。内容が重要です。これを間違えると、信頼関係は構築されません。

では、どのようなコミュニケーションを取ればいいのかですが、これまでにお話ししたことをおさらいしてみましょう。

×「勉強はどうなってるの？」
×「もうじきテストだよね？」
×「最近、やる気がないようね」
×「塾ではちゃんとやってるの？」

これらは、いずれもアウトです。親としては心配して言っているのでしょうが、言われる側の立場では、いらぬ干渉にしか映りません。

このように問われて、気持ちよく答えるはずがありません。では、どのような声かけをすればいいかというと、たとえば次のようなことです。

○「今日は雨が降るそうだね」
○「そういえば今日、面白い人に会ってね、○○だったのよ」
○「△ちゃん（子どもの名前）が好きな○○さんが今日、テレビでこんなこと言ってたよ」
○「最近は随分と事件が多いね～。学校の行き帰り、変わったことなかった?」

これらは、たわいもない話題かもしれません。しかし、このような**雑談めいたトピックの方が、話がしやすい**ものです。

小宮山さんのような状況だと、子どもは親から勉強に干渉されるのを極度に嫌がっていますので、学校や勉強の話題はいっさいしない方がいいでしょう。先ほども言いましたが、親は教師ではないのですから。

子どもから勉強の話をしてくるまで、親からはいっさい話さないというのが鉄則です。

天気、街で会った知人の話、テレビの話題、ニュースの話題など、何でもかまいません。子どもの関心があるテーマであれば、さらにコミュニケーションは改善していくことでしょう。

TIPS

継続するためのツールを使う

ここまで、いろいろと解決策を提示してきましたが、「じゃあ、今日からやってみよう！」と思った方もいらっしゃると思います。

ここでよく問題になるのが、数日は実行できたのに、すぐ元に戻ってしまった……ということです。何事も継続すると効果があることはわかっているのに、そこまで続かないのが現実ですよね。

では、どうすれば新しい試みを継続することができるでしょうか？

先ほど、「子ども手帳」の話をしました。

数々の事例から、その効果が非常に大きいことがわかったのですが、その要因の1つに、手帳という「見える化」の手段を使ったことがあります。

なにより、日々、自分のやったことが見えますから、励みにもなります。手帳を使った仕組みというものは、それだけ効果的なのです。

そこで、みなさんも「いつも使っている手帳を活用する」という仕組みをつくってみてはいかがでしょうか。

スマホを毎日見るという方は、スマホのアプリを活用するという手もあります。

大人の場合は、子どもと違って、手帳をたいてい持っているでしょう。しかも、手帳であれば、すでに毎日開いて見るという習慣ができている場合が多いと思います。まったく新しい習慣をいちからはじめるよりも、すでに習慣化されていることに新しい習慣をプラスする方が、ハードルは低いものです。

やり方としては、**手帳やスマホに、続けたいこと（あるいは、やめたいこと）をその日に何回行ったかを記録していく**のです。

たとえば、「勉強しなさい！」などの勉強を強制するような言葉を、一日に何回言ったのかを記録します。

回数を書かなくても、「かなり言った＝×」「あまり言わなかった＝△」「まったく言わなかった＝〇」と3種類の記号でつけていけば十分です。

ほかにも、

- 子どもと話して楽しかったことを書く
- 子どもをほめてあげたら、その内容を書く
- その日にかけることのできたポジティブな言葉を記録する
- 「MY GOOD ニュース」を毎日1つ書く
- ハッピーリストをつくる

などの使い方で、**ポジティブな視点を習慣化させる**ことにも使えます。

このようにして、欠点発見主義から長所発見主義へとシフトすると、周囲との関係性が非常に向上するというメリットもありますから、ぜひ試してみてください。

いずれにせよ、何かを継続するためには、記録することや「見える化」することの効果は大きいものです。

第4原則

親は成長が止まっているが、子どもは成長している

point

- 親はつい、「あの頃は……」という過去の視点で子どもを見てしまいがちで、子どもの精神面の成長に追いついていないケースが多い。
- 子どもを変えようとするのではなく、親の視点を変える。
- ほかの人と比べる「相対的比較」は意味がない。一人の子の中での「絶対的比較」を心がける。

第5原則

まず、「諭す」。
「叱る」「怒る」は
非常時のみ

「叱り続ける」ことで、その効果は激減する

本書は「叱る」をテーマに書いた本ですが、「叱る」に似た言葉に「怒る」があります。

これらは時に必要なこともあります。ですから、決して**「叱る」「怒る」こと自体が悪いというわけではありません。**

どのような理由にせよ、それらの行為によって、相手が良い方に変わってくれるのであれば、それらの行為は正しかったということになります。

しかし、それらの行為によって、相手が良くなっていなければどうでしょうか？

毎日のように全国からいただくご相談メールを見ると、一般的に「叱る」「怒る」には効果がないというケースが多いようです。
実際に、私がこれまでお会いしてきたお母さんの中にも、「叱れども怒れども、一向に変化ありませんでした」と言う方が少なからずいらっしゃいました。
子どもが変わらない、あるいは悪化してしまったとなると、その行為は正しいものではなかったということになります。
叱れば叱るほど、怒れば怒るほど、事態が深刻になっているのであれば、それを見直す必要があるのです。
そこで、この章では
【第5原則】まず、「諭す」。「叱る」「怒る」は非常時のみ
についてお話ししていきます。

まず、「怒る」「叱る」「諭す」は、次のように使い分けます。

■通常モード　↓「諭す」
■非常モード　↓「叱る」（人の道に反したとき）
「怒る」（今この瞬間に檄を飛ばさないと、一生後悔させることになると思ったとき＝緊急非常事態時）

通常は、まず「説諭」、つまり「教え諭す」ということをします。

たいてい、子どもは悪さをしたときには自分が悪いと認識していますから、「説諭」をまずは行っていきます。

この**説諭とは、真剣なモードで感情的にならずに、問題点を指摘すること**です。「言って聞かせる」というイメージです。

これに対して、**「叱る」と「怒る」は緊急モードで使います。**

一般的には、「怒る」は感情的、「叱る」は教育的と思われているようです。感情的になることはあまり良いことではなく、教育的なことは良いと思われる背景があるためか、「怒るのはダメ」「叱るのは良い」と考えている方も少なくありません。

そこで、まず「怒る」と「叱る」の違いについてお話ししておきましょう。

私は、「叱る」という行為は、人の道に反したときに使うものであり、「怒る」は「雷を落とす」と表現されるように、一撃で相手を修正させなくてはならない緊急事態のときに使うものだと考えています。

特に「怒る」は、使い方を間違えると、のちのち大変なことになるため、それなりの覚悟は必要です。

怒る場合も「行為」に対して怒るのであって、「人格」を否定してはならないことは言うまでもありません。

また、**「怒る」は伝家の宝刀**のようなもので、やたらめったらと使うものではありません。

常時使っていると、やがて効き目がなくなっていきますし、ひどい場合は恨みを残してしまうことすらあるのです。

このように、「怒る」「叱る」「諭す」の3つは、シーンや緊急度に応じて使い分ける必要があります。

「諭す」べきときに、「叱り」「怒る」のをやめるには？

では、ご相談事例を見ていきましょう。

いつも怒ってしまい、場合によっては手を上げてしまうという事態にまで陥っているお母さんがいます。

それだけつらい立場にありますが、子どもはもっとつらいことでしょう。これは、何とかして改善できるようにしたいものです。

相談

学校で習った問題が解けないのが許せない

（仮名：今井さん）

小学6年生の男の子を持つ母親です。一人っ子ということもあり、これまで甘やかして育ててしまいました。

幼少期から人に頼ってばかりで、自分で行動するということをしない。そのうえ、面倒くさがり屋で、考えることが大嫌いときています。

1年生のときから宿題の見直しを一緒にやってきましたが、わからない問題があると、私の仕事が終わるまで手をつけないで待っています。

解けない問題になると泣き出してしまうので、私もついつい怒鳴ってしまいます。最近は、つい手を出してしまうこともあります。

解けない問題といっても、今まで習った問題のはず。それがわからなくなっているのです。特に算数は、なぜそのような答えになるのか理解せずに解いてきたため、文章題は全然できません。

こんな6年生ですが、自分の頭で考えさせるにはどうしたらよいでしょうか？

問題の原因

どうにかして子どもに、自分でできるようになってほしいという気持ちは痛いほどよくわかります。しかし、アプローチの方法を間違えると、事態は悪化するだけです。

そこでまずは、今井さんのアプローチ方法の検証をしてみましょう。

今井さんが問題視されているのは、子どもが自分で考えない、面倒くさがりの状態なのにイライラが募って怒ったり、場合によっては手を上げたりしてしまうことですね。

「子どもが自分で考えない」という表面的現象から問題が発生しているように見えますが、実のところ、そこには問題の本質はありません。

ではどこに原因があるかと言えば、次の3つの可能性が高いでしょう。

1　親の期待が高すぎる

現状から親の理想的状態へ移行するまでには、ある一定のプロセスが必要ですが、一気に持っていこうとすると無理が生じ、トラブルが発生します。

「そんなに高い理想ではなく、最低限これくらいはできて当然のことばかりなのに……」と思われるかもしれませんが、子どもにとっては高すぎる理想になっている可能性があります。

2　自分のことを自分でやるようにしてこなかった

面倒くさがり屋だということは、自分で自分のことを今まであまりやってこなかった可能性があります。

何でも親がやってくれるというモデルをつくってしまうと、そこから外れたことが発生した場合、子どもは思考停止に陥ります。

3 「諭す」べきところで、「叱り」「怒って」いる

母親は本当に大変です。子育てに家事、場合によっては仕事も持ち、まさに一人何役もこなしているわけですから。

これだけの役割があるなかで、子どもや夫が言うことを聞いてくれないと、愚痴や不満もたまっていきます。ちょっとしたことが気に障ることもあるでしょう。

このように、緊急事態でもないときに、「怒る」「叱る」が発生しているということは、理性より感情が先行していることを意味します。

放っておくと感情が暴走し、コントロールできなくなることがあります。

いつしかつねに叱ること、怒ることが親の責務の一つだと錯覚してしまう可能性もあります。

こうなると、親も子も精神衛生上よくありません。

解決策

では、先ほどの3つの原因に沿って、解決策を順に見ていきましょう。

1　親の期待が高すぎる↓「ステップ・バイ・ステップ」という考え方を持つ

「期待が高すぎる」のを解決するには、「ステップ・バイ・ステップ」という発想を持つことです。127ページでもお話ししましたが、簡単におさらいします。

たとえば、算数であれば文章題はいっさいやらずに、計算だけを集中してやらせます。しかも簡単な問題ばかりです。**こうして「できる感覚」を持たせます。**

すると、「もっとやりたい」という気になります。勉強としてやらせるのではなく、クイズ感覚、遊び感覚でやらせる雰囲気づくりも大事です。

ときどき、「さらにバージョンアップするためには、この問題（文章題）が必要だよ」などと演出し、興味を持たせていきます。

はじめはできなくてもOK。そして、少しずつヒントを与えていって、自分の力でできるという感覚をつくっていきます。

この段階では、まだ簡単なレベルなのですが、1つできてほめられ、また1つできてほめられているうちに、やがて「もしかしたら、自分は天才になったのではないだろうか」と錯覚するようになります。

実は、この「錯覚」がやがて現実となり、本当にできるようになっていくのですから不思議です。

つまり、難しい問題が出てきても、「自分はできるにちがいない」という意識で当たっていくようになるので、解ける確率が上がるということなのです。

2 自分のことを自分でやるようにしてこなかった↓自分のことができる仕組みをつくる

こちらも、150ページに出てきましたが、もう一度お話ししておきましょう。

子どもが小さい頃は、自分でできないことの方が多いので、親が何かと世話をしてあげます。

子どもが大きくなってくるに従って、自分のことはだんだん自分でするようにしていくことが大切なのですが、そのままいつまでも親がやってしまうということもあります。


そうなると、「親がやってくれて当たり前」と思うようになり、自分から行動を起こすことをしなくなります。

いざ、子どもに何かをやらせようとしても、それが面倒なこと（布団をたたむ、食器を下げる、朝自分で起きる、靴を揃えるなど）だったりすると、ますます見向きもしません。

そこで、今までやるのがおっくうだったことを、「やりたい！」に切り替える方法を実践します。

その1つの方法として、**「子ども手帳」**があります。この手帳の仕組みを導入することによって、子どもがやりたがらない面倒なこと、勉強などを習慣化できるようになります。

3 「諭す」べきところで、「叱り」「怒って」いる→感情の暴走を未然に防ぐ

先ほどお話ししたように、この3つには使い方があります。

まず「諭す」という手段から入る、「叱る」は人の道に反したとき、そして「怒る」は今この瞬間に檄を飛ばさないと一生後悔させることになると思ったときに使う、ということでしたね。

しかし、「そもそも感情的になっているのに、使い分けなんて無理！」と思われることもあるかもしれません。

「諭す」べきときに、「叱る」「怒る」が出てきそうになったときは、次のようなことを試してみます。

- ■6秒待つ（怒りの感情をコントロールする「アンガーマネジメント」の考え方では、怒りのピークは6秒程度だそうです）
- ■水を飲む
- ■その場から立ち去る（「タイムアウト」という手法です）
- ■どれぐらい腹が立ったかを記録する
- ■心の中で、自分を落ち着かせるフレーズを唱える

など、本当にたくさんの方法があります（くわしくは、安藤俊介著『はじめての「アンガーマネジメント」実践ブック』〔ディスカヴァー〕をお読みください）。

しかし、これらは、「叱る」「怒る」が出てきそうになったときの対症療法にすぎません。

ふだんから「叱る」「怒る」が突発的に出てこないようにするためには、**親が精神的にゆとりが持てるような時と場をつくる**ようにします。

人は、日々の喧騒の中でイライラが募ると、ちょっとしたことに過剰に反応しがちになります。そうなる前に、まずはリラックスでき、ワクワク感や楽しさが得られるような場をつくるのです。

ちなみに私も、定期的にリラックスできる場をつくって感情を調整しています。具体的には、

- 定期的に八ヶ岳の大自然の中に入ってリラックスする
- カフェで執筆活動をする

■気のおけない友人たちと楽しく談笑する
■お気に入りのお店で食事する

などのことを意識して行うようにしています。

負のスパイラルから抜け出すには？

さて、いよいよ最後の相談事例です。

周囲から勉強のことでいろいろと言われ、怒られてばかりいる子がいます。

表面的には子どもの行為に問題があるのかもしれませんが、本当にそれが原因と考えていいのでしょうか？

いえ、もっと本質的な原因があります。

本書で紹介した「5つの事例」に立ち返れば、原因がはっきりしてきます。ぜひ、そういう視点で読んでみてください。

相談

わが子の将来を悲観してしまう

（仮名：河野さん）

中学3年生の男子の母です。社会、理科には興味があり、新聞もよく読み、資料集やテレビのクイズ特番が好きなので雑学が豊富ですが、数学、英語は嫌いなようでやりません。

親に勉強のことを言われて、イヤイヤ机に向かいます。長い時間、机についているときはほかのことをしているようです。集中してやるべきことをしていれば、何も言わないのですが、そうではないので、毎日怒鳴り合いです。

勉強は自分のことなので、今後の進路についても話しますが、「わかった、わかった」と同じことを繰り返します。このままだと将来が不安です。

うちは3世代同居ですが、祖父母からも怒られてばかりです。家庭教師をつけても、宿題さえままなりません。

何度怒られてもやる気が出ないのですが、どのようにアドバイスしたらいいでしょうか。

問題の原因

「やるべきことをやらない→怒鳴る、怒る」という構造ができてしまっています。さらに、お子さんは親からだけでなく、祖父母からも怒られ続けるという環境にあり、想像しただけでもつらそうです。

このサイクルはマイナス・スパイラルを生み出し、悪化の一途をたどります。「なぜ、勉強をやらないようになってしまったのか」をまず考える必要があります。

その原因は子どもにあるのか、それとも周囲の大人にあるのかですね。少なくとも、怒り続けることで事態が好転していないということは、この手段は間違っているということです。

では、具体的にどうすれば好転するかを考えてみましょう。

解決策

はじめに念頭に置いておくべきなのは、**「子どもを変えるのではなく、親が変わる以外に方法はない」**ということです。

親が変わると、子どもは変わります。子どもだけを変えようとしても、いつまでたっても問題は解決しません。

自分が思い描くとおりの子にしたいと思っても、そのとおりにならないのが子育てであり、教育です。

その一方で、私は子育てや教育には原理・原則というものがあると思っています。

つまり、子育てや教育の方法は無数にあるでしょうが、最も肝心な原則を外さなければ、大きな問題にはならないということです。

その一部が本書で掲げる「5つの原則」なのですが、それらの原則に立ち返るのは、**お子さんが中3になった今からでも遅くはありません。**

怒鳴ることのない、明るく前向きな家庭に変えていくことはできます。その方法についてお話しします。

河野さんの場合は、これまで本書で取り上げた原則を合わせて使います。それは次の3つです。

第2原則　強制されたことは、やらない。やったとしても、形だけになる
第3原則　人間には、最低3つの長所がある
第5原則　まず、「諭す」。「叱る」「怒る」は非常時のみ

まずは、「第2原則」です。**「強制的言葉」の使用を避ける**ことです。

「勉強しなさい！」はいっさい言わないようにします。そのための方法は165ページ

でお話ししましたが、覚えていますか？　ちょっと思い出してみてください。

次に、「第3原則」の適用です。子どもの「長所」を活かしましょう。

河野さんのお子さんは、理科・社会の知識に関心があるようですので、それを伸ばすようにします。

雑学が豊富というのは、非常に素晴らしい能力です。「才能」と言ってもいいでしょう。

×「雑学なんか知っていても、テストの点数につながらなければ、意味ないよね」

こんな嫌味な言い方ではなく、次のように言ってあげるといいでしょう。

〇「よく知ってるね！　雑学って、実は大事なんだよ。どこでどうつながるかわからないし」

○「え、それってどういうことなの？　もっと聞かせて」

このように、**長所を「承認」するような声かけをしてあげてください。**

無理にほめる必要はありません。「私は、そのテーマに関心がある」ということを示すだけでもいいのです。

そして、最後に「第5原則」です。緊急事態のために、「怒り」は取っておきましょう。

怒りではなく、「諭す」という手段を使ってみてください。といっても、今さら諭したところで……と思われることでしょう。

そういうときは、**信頼できる第三者に諭してもらう**ようにします。

この場合、「信頼できる」とは、子どもにとって、ということです。親にとって信頼できる人というよりも、子どもにとって信頼できる人という観点で探してみてください。

感情をコントロールするよりも簡単な方法

ここまで、2つの相談事例を使ってお話をしてきました。ただ叱り続けても、何の効果もないということがおわかりいただけたと思います。

また、「叱る」という非常モードをいつも使うのではなく、「諭す」がファーストステップとしては有効だとお話ししてきました。

理屈の上では、「叱る前に『説諭』してください」となります。と言うと、「それができれば、何も苦労しません」という声が聞こえてきそうです……。

では、次のようなことを試してみてはいかがでしょうか。

TIPS

感情をコントロールしようと考えるのではなく、日々使う言葉を変える

言葉には力があり、エネルギーがあります。人を励まして元気にすることもできれば、自信を喪失させることもできます。

特に、マイナスの言葉は非常に強烈なパワーを持っていますので注意が必要です。ですから、**今日からマイナス言葉は発さず、ポジティブな気持ちになる言葉を使う**ように行動を変えていきます。

マイナス言葉とは、「愚痴、不平・不満、嫉妬」など、人が聞いて心地よくないと感じる言葉や、気持ちを減退させる言葉を指します。

このようなマイナス言葉ばかり使っていると、周囲のマイナスな出来事に過剰に反応するようになります。すると、ますますネガティブ思考に陥るのです。

イライラがたまっている状態

- 子どものよくない点ばかり目につく
- 怒る、叱る

↓

言葉の種類を変える（ポジティブな言葉に）

- 子どもの長所・よくできた点を探すようになる
- だんだんと、「叱り続ける」状態がなくなってくる

今日から言葉を変えてみようと思っても、はじめのうちは、いつの間にかマイナス言葉ばかりを使っている自分に気づくかもしれません。

そのようなときは、意識して切り替えればいいだけです。「やっぱり自分はダメだ……」と思う必要はいっさいありません。

日頃使う言葉が変わってくると、意識が向かう対象が変わってきます。そして、自然と子どもの良い点を見つけられるようになります。

すると、子どもは自信を持ち、親に認められたことで、もっと認められたいと

○

子どもの自己肯定感を上げる 10のマジックワード
こちらを口癖にしましょう!

- □ なるほど!
- □ すごいね!
- □ だいじょうぶ!
- □ さすがだね!
- □ 知らなかった!
- □ いいね!
- □ 助かった!
- □ ありがとう!
- □ (私は)うれしい!
- □ ○○(子どもの名前)らしくないね〜

×

子どもの自己肯定感を下げる 3つの呪いワード

- ■ きちんとしなさい!
- ■ 早くしなさい!
- ■ 勉強しなさい!

いう気持ちが湧き出てくるものです。

最後に、次のお話をして本書を終わりにしたいと思います。

親というのは確かに大変な仕事です。また、世の中には「これが誰にでも通じる正しい子育て・教育方法だ」といえるものはありません。Aさんには効果的でも、Bさんには効果がないということもあり得ます。

子に対する親の気持ちは「無償の愛」といわれるもので、リターンを求めない一方的な愛であることには間違いありません。

それさえベースにあれば、きっと子どもには伝わります。ですから、多くの親御さんは自信を持っていいと思います。

しかし、目の前の子どもの言動が気になり、それを正そうというときに、アプローチを間違えてしまうということはあるかもしれません。

ここまで、そうならないための方法についてお話ししてきましたが、私の本心を言うと、ちょっとぐらい間違ってもいいと思っています。すべて完璧にやれる人などいないのですから。

もし間違ったと思ったら、そのときに修正すればいいだけのことです。

右に行って違ったら、左に行けばいいし、それも違っていたらまっすぐ行けばいい。時には、止まることや後退することがあってもいいでしょう。

ベースに子どもへの無償の愛さえあれば、最終的にはきっと良い結果で終わります。大いなる自信を持っていきましょう！

第5原則

まず、「諭す」。
「叱る」「怒る」は非常時のみ

point

- 通常時は「諭す」。人の道に反しているときに「叱る」、緊急非常事態には「怒る」を。
- つい「叱る」「怒る」が出てきそうになったときの対策を考えておく。たとえば、「6秒待つ」「立ち去る」「水を飲む」などの方法がある。
- 感情をコントロールするよりも、日々使う言葉を変える方が簡単で、効果的。

おわりに

人と同じであることより、人と違うことが重視される時代になっている

最後までお読みくださりありがとうございます。本書を終えるにあたって、どうしてもお話ししておきたいことがあります。

それは、「人と同じであることより、人と違うことが重視される時代になっている」ということです。

20世紀は、高度成長期から大量生産、大量消費という背景のもと、人と同じであることが重視される時代でした。

学校でも、全員が同じ答えを出すための教育がなされていました。「個性」というと、変わった人のことを比喩的に表現する言葉だったかもしれません。

しかし、21世紀に入りもうじき20年が経ちますが、周囲を見渡すと個性的な生き方をしている人が尊重され、また企業でも、「変革」「イノベーション」「ダイバーシティ（多様性）」「課題発見」などがキーワードとして求められています。

これまで人と同じことを考え、同じことをするのが美徳であると教育されてきた人にいきなり、これらのキーワードを与えても、それは青天の霹靂《へきれき》でしょう。

なにしろ、そのような教育を受けていないのですから。

非常に目ざましいテクノロジーの進展、ＡＩ（人工知能）の発展によって、私たちの生活は加速的に変化しています。今後10、20年で産業構造自体が変わるのではないかと予想もされていますね。

これは、あながち噂というレベルにとどまらず、実感として伝わってくるものです。ということは、人がこれまで行っていた作業や仕事、その中でも、誰でもできるような作業や仕事は、テクノロジーに取って替わられる可能性が高いということです。

そうなると、人間の能力とは、「誰にでもできる能力」ではなく、「あなたにしかできない能力」にフォーカスされていくということでもあります。

もし、誰にでもできる能力しか持ち合わせていないと、「別にあなたでなくてもいいですよ。ほかに代わりはたくさんいますから」と言われかねません。

この「あなたにしかできない」という言葉は、言い換えれば、「個性」、さらには「長所」のことです。つまり、本書の「第3原則」でもお伝えしてきたように、その人の**長所にフォーカスして、それを伸ばしていくことがますます大事な時代になっているということです。**

私は、この約30年、「教育」という分野で活動しています。教育といっても、はじめは学習塾、それから学校法人の経営、さらに大学院での研究、講演、ママカフェ、企業研修と、少しずつフィールドを広げています。

そこでは、「偏差値尺度」の教育が中心を占めてきました。要するに、どうすれば学力が上がるのかということです。確かに、学力を上げることは重要ではありますが、同時に、いえさらに重要な別の尺度があります。

私の知人で自分らしい生き方をしながら、さらに経済的にも安定している方を見ていると、ある種の尺度があることに気づかされます。それは、「人間性尺度」です。

具体的に言えば、「人への思いやり」「人を助ける」「自分のやりたいことを追求する」といったことです。おそらくこのような方は、21世紀のテクノロジーが発展した世界でも、自分らしく生きていくことができるでしょう。

私は、このような人間になれれば、それこそ幸せな人生を送ることができると思っています。

未来をつくるのは、今の子どもたちです。その子どもたちの持てる個性をぐんぐん伸ばし、自分らしい生き方ができるようにするためには、私たち大人が、**子どもの能力に制限を加えず、そして叱るよりも、どうしたら長所を伸ばすことができるかを思案し、実践することが大切**だと思っています。

最後に、次の言葉で締めくくりたいと思います。

「長所のない子なんて、一人としていません。
どんな子でも、ぐんぐん伸びる子になれるのです」

2017年8月　横浜馬車道のカフェにて

石田勝紀

子どもを叱り続ける人が知らない「5つの原則」

発行日　2017年 9 月15日　第1刷
　　　　2020年 5 月15日　第5刷

Author　石田勝紀

Book Designer　井上新八（装丁）　荒井雅美（本文）

Publication　株式会社ディスカヴァー・トゥエンティワン
〒102-0093　東京都千代田区平河町2-16-1 平河町森タワー11F
TEL　03-3237-8321（代表）
FAX　03-3237-8323
http://www.d21.co.jp

Publisher　谷口奈緒美
Editor　三谷祐一

Publishing Company
蛯原昇　千葉正幸　梅本翔太　古矢薫　青木翔平　志摩麻衣　大竹朝子
小木曽礼丈　小田孝文　小山怜那　川島理　川本寛子　木下智尋　越野志絵良
佐竹祐哉　佐藤淳基　佐藤昌幸　竹内大貴　滝口景太郎　直林実咲　野村美空
橋本莉奈　原典宏　廣内悠理　三角真穂　宮田有利子　渡辺基志　井澤徳子
俵敬子　藤井かおり　藤井多穂子　町田加奈子

Digital Commerce Company
谷口奈緒美　飯田智樹　安永智洋　大山聡子　岡本典子　早水真吾　磯部隆
伊東佑真　王廳　倉田華　榊原僚　佐々木玲奈　佐藤サラ圭　庄司知世
杉田彰子　高橋雛乃　辰巳佳衣　谷中卓　中島俊平　西川なつか　野﨑竜海
野中保奈美　林拓馬　林秀樹　牧野類　松石悠　三谷祐一　三輪真也
元木優子　安永姫菜　中澤泰宏

Business Solution Company
蛯原昇　志摩晃司　野村美紀　藤田浩芳　南健一

Business Platform Group
大星多聞　小関勝則　堀部直人　小田木もも　斎藤悠人　山中麻吏　福田章平
伊藤香　葛目美枝子　鈴木洋子

Company Design Group
松原史与志　井筒浩　井上竜之介　岡村浩明　奥田千晶　田中亜紀　福永友紀
山田諭志　池田望　石光まゆ子　石橋佐知子　齋藤朋子　丸山香織　宮崎陽子

Proofreader　株式会社鷗来堂
DTP　荒井雅美
Printing　日経印刷株式会社

ISBN978-4-7993-2168-3